人を活かし
会社を伸ばす

船井総合研究所が、繰り返し社員に教えること

100の
キーワード

船井総合研究所
岡 聡
satoshi oka

同文舘出版

まえがき

16年前、私は船井流・数理マーケティング理論に憧れて、船井総合研究所に転職した。ハードワークで知られるコンサルティング業界で生き残っていくためにがむしゃらに仕事をするうちに、あることに気がついた。

それは、優秀な成績を修めている経営コンサルタントほど、テクニカルなコンサルティング手法以前に、創業者である船井幸雄先生の思想や哲学が好きでよく研究しているという事実だった。現・小山政彦社長などはその筆頭で、自ら〝船井幸雄研究家〟を自称するほどだ。また、実際に船井幸雄先生から直接教えを受けたクライアントは急成長した企業が多い。それは、古参社員においても同様だった。つまりそれは、船井流の思想や法則には、人と会社を短期間で伸ばす大きな力が間違いなく存在するということだ。

そこで私は、船井流の思想を自分自身にも徹底的にインストールして実践することを決めた。それから、自分自身が船井流を実践してみて納得したものを、クライアントの業界やコンサルティングテーマに合わせて説明し続けた。そうすると、仕事も徐々にうまくいきはじめた。そして、最初はシンプルでわかりやすいと感じていた船井流の一つひとつの法則や言葉が、実に深遠な意味を持っているということもハッキリと見えてきた。

船井流とは、創業者の船井幸雄先生の考え方と哲学をベースに、その時代のコンサルタントが、経営者との本音レベルの付き合いを通して変化、加筆、成長させてきたものだ。その守備範囲は実に広く総合的で、連携した要素を持つ概念であるため、案外その全貌はつかみにくい。

また、船井幸雄先生が30代、40代に自ら体系化、発表してきたもの以外は、社外のジャーナリストや研究家が書籍として発表しているものがいくらか存在するものの、船井関係からは1992年の「船井流一〇一の経営法則」、1995年の「船井幸雄のことば」から以外はほぼ存在しない。

そこで本書は、船井総合研究所の現役コンサルタントが今現在利用しているままの捉え方、意味合いで船井流を解説するものとして企画した。多くの人と企業に影響を与え、急成長させてきた船井流のキーワードを、社会人の方にも役立つように100選んでいる。これら100の人間性重視のキーワードが、1人でも多くの方の参考となり豊かな生活や仕事、生き方、すばらしい未来につながっていってほしいと真剣に願っている。

本書を、船井総合研究所の創業40周年の年に出版できて、1人の船井流研究家としてとてもうれしい。

2010年1月

船井総合研究所　岡　聡

もくじ

3章 知る——自己成長につながる10のキーワード

4章 知る——利益を増やす10のキーワード

5章 わかる——正しく方向づけができる10のキーワード

6章　わかる──成功をもたらす10のキーワード

7章　できる──よい習慣づけのための10のキーワード

8章　できる──人を動かし人を育てる10のキーワード

9章 習慣化する――ワクワクドキドキ働ける10のキーワード

10章 習慣化する――プロとして生きるための10のキーワード

装丁／田中正人

本書をお読みいただくに当たって

本書の100のキーワードは、とてもわかりやすいと定評があり、世界中に多くのファンを持つ船井流の基本となる言葉だ。私自身も入社前、6割程度の言葉は、船井総合研究所関係の書籍から知り、残りの4割程度は入社後、この16年の間に先輩方から学んだ。この100のキーワードの解説とまとめ方では、以下のような工夫をしている。

・1章から4章までは「知る」と題し、知るだけでも即効力のある80のキーワードをとりまとめた。
・5章と6章は「わかる」と題し、腑に落とすことができれば大きな成果が期待できる20のキーワードをとりまとめた。
・7章と8章は「できる」と題し、ここまでできるようになれば、他者に大きなアドバンテージを築くことができる20のキーワードを集めた。
・9章と10章は「習慣化する」と題し、これを習慣化できれば、間違いなく人生が豊かになり大きな成功を呼び寄せることができる20のキーワードを集めた。

本書は、このように「知る」→「わかる」→「できる」→「習慣化する」という四部構成となっている。この流れは、心理学で言う効果的な教育の流れであり、最終的にはこれら100のキーワードはその考え方をすべて理解し、習慣的に実践できるようになれば、企業と人を正しく動かし、なおかつ自分自身の人生を豊かに変えていく大きな力とエネルギーが身につくだろう。ただ後半になればなるほど、頭では理解できても、実践は難しくなっていく。私自身も、現在も練習中、勉強中である。

また各項では、まず最初に右ページでキーワードの意味を基本形で説明する。さらに左ページでは、二つの切り口からの解説を加えている。ひとつは、人生を豊かにするための自分マーケティングの側面から、そしてもうひとつは、主に仕事に役立つ企業経営・企業マーケティングの側面からのものだ。

現在の船井幸雄先生の言葉は、前者に関わるものが多くなってきているが、その原点は超現場主義の経営コンサルタントにある。先生は、仕事を通じて自己実現すること、仕事を通じて人間性を高めることを推奨し、ご自身でも実践されてきている。「企業は人なり」だし、企業経営は人間が行なっているものだから、人間性の高いマーケティングの実践こそが、大きな成果を生み出すのである。本書は、そのような思想を持って見開き2ページでまとめている。

Knowing

——仕事を上手にするため、豊かに生きるための基本を「知る」——

1章 知る

自信をつけるための10のキーワード

長所伸展

長所を生かして生きていくのが、自分の使命を果たすための正しい生き方だ。

長所を生かして生きていくのが、自分の使命を果たすための正しい生き方だ。逆に、欠点を矯正して無理にでもできるようにしなければならない仕事など、この世に存在しない。そんな仕事はその人の任ではなく、ましてや使命ではないのだから、やってはならないのだ。やれば必ず失敗するはずだ。

使命というのは誰でも持って生まれてくるものだ。自分の使命を知り、使命感を持ってその使命を果たすべく日々努力する生き方が、すなわち長所伸展法の実践ということになる。また、短所を直すよりも、長所をさらに伸ばすほうが簡単だ。

そして長所を伸ばせばやがて短所は消えていくものだ。短所に目がいくうちはまだまだレベルが低いと言っていいだろう。

人間は長所伸展法を知っているかどうか、自分の長所を探し伸ばそうと意識しているかいないかで、将来的に大きな差がつく。

▼豊かな人生にするために使う

「欠点や短所はいじらないほうがよい」それが長所伸展法の考え方だ。ところが、まず難しいのが長所を発見できるかということ。なぜなら、どうしても人間は短所に目が向くものだからだ。長所を探す方法は、まず両親が得意だったもの、次に兄弟姉妹がどんな長所を持っているか、さらには叔父叔母、従兄弟など、親戚まで広げて探してみるのも有効だ。どんな長所かは人それぞれでも、このあたりまで探してみれば、必ず思い当たるものがあるはずだ。彼らがやっていたことの中にひとつくらいは、これなら自分も好きでやってみたい、という部分が見つかるはずだ。そして長所が見つかったら、自分自身が時間を惜しまず自ら進んで長所を伸ばすための勉強をすることが重要だ。長所を伸ばすことは、本来とても楽しいはずだ。すぐに大きな夢と希望が持てるようになる。

▼社会や仕事で使う

程度のよい経営コンサルタントはクライアント企業の長所だけを見つけて、欠点は一切見ない。それに引き換え、程度の悪いコンサルタントは欠点ばかり見て、それを指摘する。しかし欠点をいくら見たってよくならない。一方、長所だけを見てそれを伸ばしたらその企業は必ず伸びる。これが経営のコツであり、上手に生きるコツなのである。全体として業績の低調な企業であっても、それでも、何かひとつくらいは売れているものがある。こんなに業績の悪い会社を何とか支えている部署はどこか、ひょっとしたら店舗の立地条件の中に思わぬ長所が隠れていないかというように、あらゆる角度から企業を分析して、何かひとつでも長所を探し出すことが重要だ。そして長所が見つかったらあれこれと知恵を絞り、とにかくその長所を伸ばしていく方法を考えることである。

ツキの原理

正しい生き方をしていれば ツキもやってくる。

誰でも、そしてどの企業も、より大きな成功を望んでいるものだが、実際にそれを実現することは相当たいへんなことと考えられ、さまざまな方法が研究されている。数ある成功法の中でも、最も効率的に成果が出るのが「ツキの原理」を利用して自分自身をツクようにすること、つまり自分自身の運をよくするためには、まず運のよい人や企業と付き合うことだ。自分自身の周囲に運のよい人や企業がいない場合には、自分自身で正しい生き方をすることに取り組むことが重要だ。

正しい生き方とは、人や環境、そして地球全体にできるだけ迷惑をかけない生き方をすることであり、それは世の中のモラルに反しない生き方を志向することでもある。

そして、できればすべてのことに感謝し、その上で人や環境、そして地球によいことにたくさん取り組むことが重要である。そうすれば、自然とついてくるようになり、運もよくなっていくものなのだ。

▼豊かな人生にするために使う

夢は、大きいほうがよいとわかっていても、実現可能な小さなものになりがちだ。しかし、できるだけ大きな夢を見ることができるように努力することが重要だ。そのひとつの方法が「俺はついている」とまず思うことである。自分がついていると思うと、「俺はついているから、こういう夢の実現も可能かもしれない」「おれはついているから、うまくできるようになるのではないかな」と思えるようになり、自ずから夢の範囲が拡がり大きくなっていく。そういう意味からすると、できるだけ自分をとりまくあらゆる現象から、ついていると思える事例を探す努力こそが大事なように思われる。運がよいと思えば、その人は運はよくなる。運が悪いと思えば悪くなるものだ。運が悪いときにも運がいいと考える。そういう人だけが、運をものにすることができるのである。

▼社会や仕事で使う

ツキの原理は社会や仕事でも大いに使える。たとえば、営業会議などのやり方である。通常、営業会議では計画数値に関して現在の進捗状況と差異の実態を報告し討議を行なう。ところが成熟化と縮小経済に直面している日本では伸びにくく、落ちやすい状況が多くの業界や会社で見られる。そのため、計画通りの数字が達成できていない悪い話を論じる時間が長くなりがちだ。悪い話はついていない話と同じである。そういう意見を聞けば聞くほどムードは悪くなる。だから営業会議もできるだけ、よい話の時間を長く、悪い話の時間を短くする発想が必要だ。身近に成功している事例が多く出てくれれば、「自分にもできるかもしれない。うまくいくコツでも教えてもらおう」と前向きになる社員も増えるはずだ。よい講師を選んで話をしてもらうことも効果的だ。

一番主義

何でもいいから一番を創る。「一番と二番の差」は、「二番と一〇〇番の差」よりも大きい。

日本で一番の標高を誇る山は富士山であり、二番目は南アルプスにある北岳。日本一の大きさの湖は琵琶湖であり、二番目は霞ヶ浦、日本で一番長い川は信濃川、二番目は利根川。私たちは日本人であり、外国人以上に日本のことを知っているはずだが、以上の三つの事実をあなたはどれだけ知っていただろうか。

実は、一番と二番の差は天と地ほど違う。経済や業界環境が衰退期、安定期となって競争が厳しくなると、誰もが選択眼が厳しくなり一番の企業、店、商品などしか主体性を発揮できない。一番だと企業名や店名、商品名をしっかりとしたイメージで覚えてもらえるが、二番は記憶に残すことすら難しいわけだから、当然と言えば当然である。

つまり、他から戦いを仕掛けられないためには、一番化を進めながら力をつけていくことが重要ということだ。上手に生きるためには一番になろう。

▼豊かな人生にするために使う

競争激化の時代に生き残るためには、①どのようなときにでも変更しなくてもよい手法＝一番主義、正攻法をとるか、②時流に合わせて変幻自在に自分を変えていくかしか方法がない。この両者のミックスを、時と場合により上手に使い分けるのが成功のポイントとなる。一番主義をとると、小さな存在が大きな存在に勝つことさえ可能となる。また一番となれば利益も上がってくる。

お客様から圧倒的な支持を受けている一番店とは最も客を喜ばせている企業のことである。一番の能力でより多くの人を楽しませ、喜ばせながら幸せにする人は、喜ばせた人の数に比例して多くの収入を得ることになる。日本のプロ野球選手よりも米国のメジャーリーガーの選手のほうがより多くの人を楽しませているから収入が大きくなるわけだ。

▼社会や仕事で使う

つまり、人や企業は何かで一番にならないと広く世の中の人に知ってもらうことはできないのだ。何かで一番を持てば知名度は自然に上がってくる。つまり上手な経営、上手な商売のコツとは一番の商品、一番の機能をひとつでも多く持つということなのだ。逆に一番の商品、一番の機能がなく二番以下の商品や機能を集めているだけでは、競争が激しくなれば成果は出なくなってくる。何かで一番になることを目指すことが社会や仕事で成功する大きな要素になるのだ。しかし、どんな要素を選んでも成果が即出るとは限らない。なぜなら、一番はできるだけわかりやすいもので目指すことが重要となるからだ。わかりやすいもの、数または量をこなせるもので一番を目指すことが大きな効果を産む条件なのだ。

一点突破

絞っていけば必ず一番になる可能性のある商品は見つかってくる。

自分に力がない場合であっても、一番商品づくりはどうしても進めていかなければ、業績は低下し生き残れなくなってくる。この場合、力がなければ商品を分割したり、商圏を狭めたり、客層を絞り込んだりする必要がある。このように絞っていけば、必ず一番になる可能性のある商品は見つかってくる。

つまり、どんな店でも地域一番になれるものが見つかるわけだ。それは、競争相手が力を入れていない商品かもしれないし、あるいは需要が小さな商品かもしれない。だが、まずはそういうものでもよいから圧倒的に勝って一番になることが重要だ。そういう過程で自信と力をつけ、ひとつずつ一番商品を増やしていくことが重要なのだ。

このようにプラスのベクトルは、常に個の発展が先で、それから個と全体の肯定、そして全体の伸張というプロセスになる。まずは小さくてもいいから、個を強くして伸びる状態にすることが重要なのである。

▼豊かな人生にするために使う

弱者や規模が小さくても、強者や規模が大きな相手に飲み込まれず生き残っていく方法がある、というのが一点突破の視点だ。一点突破には大きく、競合の扱わない自分独自の商品を主力の武器にする方法と、競合相手の本丸である中心商品を攻め、その中心商品に限ってのみ少しは自分のほうが強くなるという二つの方法がある。ただし、どちらの場合も競合がこちらの出方に気づいて政策を変更し、「包み込み」を進めてくるとおしまいになってしまう。弱者が強者に勝つ条件、小が大に勝つ条件は、弱くて小さなほうが強く大きなほうよりも頭がいいか、強く大きなほうが、弱く小さなほうを殺さず生かしておこうと思ったときだけである。つまり、自分が弱くて小さな場合は、自分たちの戦法を強く大きな存在に悟られないのが望ましい。そして大が簡単に「包み込み」できないレベルまで一点突破を磨き上げておくのである。

▼社会や仕事で使う

競争社会や仕事のライバルに飲み込まれずに生きていく方法も一点突破の視点を持ち続ける中で生まれてくる。まずは使命感と責任感を持って仕事に取り組み、一芸に秀でることが大切だ。ただ、組織の中で一芸に秀でることはとてもすばらしいことなのだが、それはあくまでもある一定の条件下での話だ。なぜなら一芸を極め、専門家とか職人になってそこで止まってしまうと、どうしても自己過信に陥ったり、視野が狭くなりがちだからだ。真に追求することは一点突破で終わるのではなく、より力をつけてマクロ型のオールラウンド志向の人間となることなのだ。そのためには専門家であっても、自分の専門外のことにも徐々に視野を広げていくことが重要だ。

力相応

力がなければ、狭い範囲に狭め、その範囲で一定以上のシェアをとればよい。

企業経営にとっての基本は、力相応でやることだ。力以上のことをするのは、よほど環境条件のよいときでなければ、完全な失敗に終わることが多いのである。

現在のような競争激化時代に勝ち残るためには、競争相手に負けないよう力相応で一番であることが重要だ。力がなければ、一番になるためには扱い商品を絞ったり、対象を特定化させたり、狭い範囲で商売をしなければならない。

逆に、力があればどんどん扱い商品を増やし、対象を拡げ、広い商圏に向かって商売をしていくことができる。

そうすることによって、徐々に規模のメリットを獲得することができるようになる。力がないときの絞り込み方のコツは、ある程度以上のシェアをとり、独占に近い影響を市場に与えるようにすることである。そうすれば、対象の範囲内ではあるが規模のメリットを追求することもできるようになる。

▼豊かな人生にするために使う

人生を豊かにするためには、まず自分自身のことをよく知り、自分のレベルを合ったもので、まずは日常生活の中で一番、一流を目指そう。一足飛びに高いレベルまで到達することはできないのだから、現時点の力で一番、一流レベルで実行できることを見つけ、まずは自信を持つことが重要である。自信はキャリアから生まれることも多いが、いくらキャリアがあっても、負けてばかりいたのでは自信につながらない。まずは、力相応でいいから一番になれるものを見つけ、自信を持つことからスタートしないと、幸せになることはできないだろう。当然、社会、企業内で生きるビジネスマンにおいては、仕事の中で力相応に自信の持てることをひとつずつ増やしていき、最終的には総合的な力を発揮でき、企業に貢献することを目指すことが重要だ。

▼社会や仕事で使う

企業は、常に総合的な力を持つことを目指すことが重要である。企業の力は企業が持っている人、物、金、情報などの経営資源とその組み合わせによって発揮される総合力で表わされるからだ。

そして、企業の中には成員がいる。企業はその成員のためにあるのだが、成員が変われば、当然、会社の内容、仕事や組織は変わる。そして、時と人が変われば、組織体の内容には絶対的な変化が起こってくる。また企業は、成員のために時流にしたがって変化していかなければならない。しかしこの変化は成員の能力相応のものでなければならない。ただし、経営者にとって最も大切な長期構想を作るときには、大きな身分不相応と思われるほどの野心を持つことが大切だ。経営者が高い野心を持つことが、経営者のバイタリティの源泉であり、野心が高い実績につながるからだ。

すべては必要、必然、ベスト

この世の中は、すべて必要、必然、ベストになるようにできている。

世の中には偶然はない。世の中で起こることはすべて必然、必要で、振り返ってみれば、どれもベストのタイミングで起きているようだ。どのような事故も病気も、またうれしいことも、必然と考えるのが正しいようだ。

なぜなら、すでに終わってしまった過去は変えることはできないからである。よかったことも悪かったことも過去は過去だ。人間は、未来に向かって今を生きる存在だ。だから過去のことはもういいじゃないかと気にせず、明日からの明るい未来を信じて生きていくのが正しい生き方と言えるはずなのだ。

「過去と他人は変えられないが、未来と自分は変えられる」

だから、今日起きた出来事にはその出来事の役割がある。そう考えるのが正しいのだ。世の中はマクロに見ればまったく公平にできているものだ。そしてこの世に存在するものは、すべてバランスよく生成発展するために必要なものなのだ。

▼豊かな人生にするために使う

人生には、よいことも、悲しいことも、辛いことも起こる。しかし、そういうことを悩んでいるだけでは何も解決しない。だからこそ、この世の中で起こることはすべて必然、必要と受け入れる強さが必要になる。誰しも失敗や辛い目にあうことは嫌だ。しかしその失敗や経験からたくさんのことを学び、生き方、仕事の仕方を変えることはできる。すべての出来事には過去に原因が存在し、その結果として今がある。うっかりミスには、うっかりミスの原因がある。成功は性格からもたらされると言われる。ところが性格は生まれ持ったものではなく、日常の訓練でいくらでも変えられるものだ。だからこそ、目の前のすべての出来事を必要必然としてとらえることができる性格を身につけ、日常の中での学びを多くすることが重要なのだ。

▼社会や仕事で使う

仕事で、否定的な言葉を受け取ったり、なかなかこちらの意見に賛成してもらえないことはよくある。こういう場合でも、相手にとっては、それが必然であるのだから、批判したり否定しないほうがよい。怒ったり、思い悩んだりするよりも、プラス発想して、未来に思いを馳せ、よい対処法を考えることが大切だ。そのためには、どんなことがあってもプラス発想できるまで勉強しなければならない。また、日常からため息をついたり、「わからないなぁ」とか「難しいなぁ」と考えないクセづけをすることも重要だ。そして、日常の仕事や生活の中で起こるすべての事柄を自然体で受け止め、そのいろいろな出来事の中から自分自身のあり方を見つめ直し、これからの自分が気をつけることを理解できれば、毎日学びや気づきを見つけることができるはずだ。

現状肯定、過去オール善

上手な生き方とは現状肯定をした上で大きな夢を持つこと。

現状不満型人間は、必ず損をすることになる。上手な生き方とは現状肯定をした上で大きな夢を持つことなのだ。また、過去は自分にとってどんなことでもすべて善であったと考えるのがよい。失敗もよいと考えるべきなのだ。

しかし、絶対に同じ失敗をしないようにしよう。失敗を恐れずにチャレンジすることのほうが重要だ。失敗をしたらその失敗から学ぼう。同じ失敗を繰り返すと信用を失う。同じ失敗を繰り返さないためには論理的に理解し、身体で覚え、癖づけをする必要がある。私たちは、過去を否定せず未来を創る努力に集中しなければならないのだ。

またすべての人の言動は、その人の立場ではすべて正しいものと信じることが重要だ。他人の言、他人のすることも決して批判したり否定しないで、何でも聞いてみよう。何でも受け入れてみよう。それから後に、自分の考え方を打ち出そう。

▼豊かな人生にするために使う

現状への不平不満や否定は、活力を生み出すよりも自己弁護、逃避につながり、周辺の人たちを不愉快にする。たまたま、それによって刺激や活力を生んだとしても、人間が上手に生きる上において最も大きな条件である「他の人々からの応援」を失うことが多くなる。愚痴っぽい人、批判の好きな人で成功している人は少ない。なぜなら、そのような人は他人から嫌われるからであり、人の世で人から嫌われてうまくいくことがないのは当たり前だからだ。また、クヨクヨする、心配することは心の老廃物で炎症が起き、潰瘍を起こすことがわかっている。だからクヨクヨ心配せず、堂々と生きよう、悠々と生きようと、常に自分に言い聞かせることが重要だ。人間は現状に満足し、人間としての大きな夢を持ち、その実現を目指して毎日毎日前進することができる動物なのだ。

▼社会や仕事で使う

世の中のことはどんなことでも一足飛びにはロマンや夢には到達できないようになっている。そこで一歩一歩現実に、自分の現在の力とバランスを考えて現実に即した手法を使って着実に進まなければならない。現在は過去の未来であり、未来の過去が現在なのだから、まずは現在を肯定し、大きな夢を持ち、その実現を夢見るだけではなく具体的な計画を作ることが重要だ。そして、その計画にしたがって一歩一歩着実に前進するのがよい。これが人間の正しい生き方と言えよう。

また、あらゆる人の言動が理解でき、受け入れられたとき、その人は最も大きくなる。そのためには努力しなければならない。相手の発言や思想を十分に知り、それを受け入れ、その知識や情報もミックスした上で決断をするのが正しい。

人間性の向上

知らないことを経験し、それをどんどん吸収していこうと考えることが大切だ。

人間として生まれてきた以上、人間だけが持っている能力、人間だけが持っている特性を追求することが大切だ。

人間特性には、使えば使うほどよくなる頭がある。だから、この頭をよくすること。できるだけ頭を使うこと。これが人間特性の追求のひとつなのだ。知らないことを経験し、それをどんどん吸収していこうと考えることが大切だ。人間特性追求の第二は、理性的に生きることだ。人間は理性的な意志、情動的な意志、本能的な意志の三つで動くが、人間以外の動物は、本能的な意志と情動的な意志でしか動かない。理性的な意志とは悪いと思うことはやめ、いいと思うことを実行しようとする意思のことと言っていい。人間にはもうひとつ、心に思ったこと、口に出したことが実現するという特性もある。思ったこと、口に出したことが実現するのだとしたら、なるべくよいことを思い、よいことを言うことが正しいだろう。

▼豊かな人生にするために使う

人間は、一部のあきらめた人を除いては、力をつけたいと考えている。このことは多くの心理学者が証明している。人間性尊重の経営は、この力を最も多くつけられる場を提供することなのだ。普通、力は力＝能力×意欲と示される。能力＝知識×技術（経験）×態度であり、意欲＝努力×人間性と示される。この力をつけるためには絶えず、①クリエート、②決断、③責任の3点を自らに課すことである。人の成長度や力は、その人の年齢ではなく、過去いかにクリエートし、決断し、責任を持つことを行なってきたかで決まる。この3点を自らに課すためには「独立、自由、参加」が基本条件となる。人間は独立性を失ったとき、つまり自由を失えば、責任も決断も、いやおうなくなくしてしまうため注意が必要だ。

▼社会や仕事で使う

人間は優れた人と触れることによって、急速に成長する。それらはおおむね年配社員や幹部だ。最近の若い人は、若い者同士で飲んだり食べたり話すことはよくやっているようだが、それだけだと、年配者や幹部クラスの人々との付き合いは、どうしても疎かになる。新しい知識、経験づくりに上手に挑戦するためには、これではいけない。だから、意識して世の中のことをよく知り、人間的にも優れた人と半強制的にでもコミュニケートし、人間性を高めていく努力を行ないたい。なお人間性は、以下の八つのポイントに代表される。上手にクセづけしたい。①躾とマナー、②人柄感のアップ、③プラス発想、④ネアカ、⑤愚痴を言わない、⑥意地悪をしない、⑦約束を守る、⑧個人と企業人の「人格」を使い分ける

正攻法主義

正攻法というのは、相手にこちらの手の内を見せながら、堂々と攻めることである。

正攻法というのは、相手にこちらの手の内を見せながら、堂々と攻めることである。正攻法は、相手よりもはるかに力がないとできない攻め方とされているが、むしろそんなことには無頓着でいい。

小が大に対する場合でも、弱者が強者に対する場合でも、それなりの正攻法がある。これからは力をつけ、正攻法で商売し、弱者を助けるのが賢明な勝者となるだろう。我欲達成のためだけでなく、世の中に貢献できる、人間性にかなった「マクロの善」を目的とすることが成功につながるだろう。

人間は何か事を成す場合、目的が必要である。目的があればこそ、その目的達成のために、人はがんばるのであって、それなしに努力を継続することはむずかしい。その目的に「マクロの善」を置くことが、兵法や策略よりも大事なのである。「マクロの善」を見据えながら、より時流をマクロに捉えて柔軟に適応することが、経営を成功に導く正攻法なのだ。

▼豊かな人生にするために使う

正攻法とは、①10の力で3のものをやること。ただしときには、3の力で10のことをやらなければならない。それは時流適応で絶対安心という自信が持てるときである。②正攻法とは、時流先見性にしたがった計画に基づいて、行動することである。③正攻法とは、集中化、拠点化で儲け、分散化で探ることである。分散化とは、何に集中するべきかを探ることがポイントであることを忘れないでほしい。④正攻法とは、「自他ともに求める」演出を行ない、公開性で攻めることである。⑤正攻法とは、イノベーターの求めるものを重点的に狙うべきである。⑥正攻法とは力相応、一番主義をとることである。正攻法主義を取る中で、よいものは惜しみなく他人に知らせてしまおう。さらに新しいことを知ったり、作ろうと努めるようになる結果、自分自身がさらに伸びる。

▼社会や仕事で使う

「ジョハリの窓」という心理学の考え方がある。それは、『①「自分でわかる自分、他人がわかる自分」を演出し攻めるのが正攻法、②「自分でわかる自分、他人がわからない自分」で攻めるのが奇襲法、③「自分でわからない自分、他人がわからない自分」の場合は戦えば必ず負けるのでダメ、④「自分でわからない自分、他人がわからない自分」の場合は異常時法をとるのがよい』というものだ。「自分にも他人にもわかる」正攻法をとることが一番正しく、「自分にはわかっても他人にはわからせない」ようにする奇襲法供給過剰の時代には通用しない。自分の生き方に応用できるはずだ。

自分でわかる自分と他人がわかる自分を一致させ、他人の期待に応え、自信満々、堂々と生きていくことが成功の秘訣なのだ。

包み込み

葛藤とか困難が来ても、それらもやんわりと包み込めばよいのである。

競争相手の持っているあらゆるものを同じように自分も持ち、さらに自分のほうは競争相手の持っていないものまで持って相手と戦うのが、「包み込み」である。

競争相手に学び続ける包み込み手法は、これからのむずかしい時代の競争法として、ぜひ覚えておいてほしい。ビジネスの世界だけでなく、人生においても「包み込み」は活用できる。葛藤とか困難が来ても、それらもやんわりと包み込めばよいのである。①つきあたる、②力で制する、③逃げる　より、やんわり包み込むのが最もよいのだ。

また、誰しも人生を成功させたいものだが、そのためには絶対に勝てるような人生設計を描くのが重要である。

そのためには、人生そのものを包み込みの発想で生きるのがベストだろう。包み込みは、強いて言えば、あれもこれもすべてをいかしたほうがいいということでもある。これが競争の極意であり、上手に生きる極意でもあるのだ。

▼豊かな人生にするために使う

「包み込み」という発想を持てるのは日本人の優れた特性のようだ。欧米人の中には、包み込みという発想はない。欧米流のものの考え方は、対立する二つのものが共存することは不可能で、両者は両極に分けられ、やがて対立の結果、弱いほうが消え去り、一方だけが生き残るというものだ。日本人のように、相手の強いところも弱いところも全部ものにして、よいところだけ残せばいいという考え方や、お互いに自分の立場とか特性を知って、住み分けることができるというような発想は、なかなか理解できない。人は、なるべく多くの人の言動を肯定し得るように努力するのを人生目標にするのがよい。どんな異なった意見でも、出てくれば出てくるほど自分が包み込む内容は完全なものに近づいていくしエネルギーも知恵も湧いてくるからだ。

▼社会や仕事で使う

競争に勝つ目的は自分のシェアアップである。シェアがアップすれば、発言権や主導権もとれるからだ。そのためのベストの手法は、自分のすぐ下の規模の相手をまず包み込むことである。これなら絶対に負けるはずがない。また、経営という面から「包み込み」を見ると、伸び続け、成功を維持しようとすれば、どうしても多くの企業や人と合う体質、あるいはなるべく多くの人を好きになれる訓練とか心構えが必要になる。また、競争は付加して勝つ発想が重要だ。絞り込みは、競争がないときの合理化手法としてはよいが、競争が激しくなると通用しなくなっていく。供給過剰で物が溢れているときに、一店だけ物減らしをしたら、その店は売れなくなるのが普通だ。今までの商品やサービスは全部残し、新しいものを付け足そうという発想が経営の王道なのだ。

Knowing

——仕事を上手にするため、豊かに生きるための基本を「知る」——

2章 知る

不振打開の特効薬10のキーワード

即時処理

何事もすぐに行動して後回しにしないことが重要だ。つまり、何でもすぐにやることが最も効率的なのだ。

何事も、すぐに行動して後回しにしないことが重要だ。何でもすぐにやることが最も効率的なのである。即時に物事を処理できる人は、仕事を溜めずに短時間で集中して取り組むため、仕事を次々とこなして、自然と実力が備わっていくことになる。またビジネスマンなら常に、何か問題が生じたときにも、即時処理ができるように万全の備えをしておくことが重要だろう。その上で、上司の指示や取引先の要請には、その場で即座に「はい」と返事をして、すぐに行動を起こすことを意識することが重要である。

面白いことに、素直に即答した勢いで仕事に取り組めば、先延ばしにしていたらとてもできそうにないことでも意外にあっさり簡単にできてしまう。

また、仕事で今日やらなければならないものは今日のうちに必ず終わらせてから帰るように意識しよう。そして最終的には、その場で終わらせる即時処理グセをつけよう。

▼豊かな人生にするために使う

即時処理を日常で心がけるなら、よいと思うことならできるだけ早くやり、悪いと思うこと、やめたほうがよいと思ったことは、今すぐ止められる人になるという意識を持つことが重要だ。即時処理は激しく変化し、さまざまな情報が氾濫する忙しい時代を行きぬくための大切な仕事のコツだが、もうひとつ上手に生き、仕事をこなすコツがある。それは「同時処理」である。たとえば、1日24時間のうちに、同時に三つのことが処理できれば実質一日が72時間に使えたことになる。たえず、二つも三つも同時処理をしていると、いつの間にか、仕事も趣味も遊びも同一化してくるはずだ。仕事が趣味になり、遊びが仕事になるという感覚だ。はじめは意識して即時処理能力、同時処理能力をつけてほしい。力がつけばつくほど知識や経験が増え、ルールも作れる。

▼社会や仕事で使う

一般に、よい会社はスピーディーに変化に対応できる。これらは一般的に社風となっている。このような社風は、①トップの明快な経営哲学、②鮮やかな目標とリーダーシップ、③単純な組織、④必要最小限の管理、⑤活発な衆知結集の5条件が達成されている。

一方、ダメになる会社はこれを社風にしておらず、伸びる会社には、よいと思うことにはすぐに対応できるスピーディーな実行力が社風としてある。業績の大半は、この社風によって決まると言っても過言ではない。つまり、よい社風を作れば業績が向上するのだ。スピーディーに実行できる力は何事を実践する場合にも使える、最も根本的な力だ。トップは、哲学を持ってよい社風づくりに取り組み、リーダーシップを発揮して即時処理グセを、社員につけさせなければならない。

圧縮法

圧縮法を使えば、何が得意なのかがわかり、長所が見つかることになる。

長所伸展法をやろうと思っても、自分の長所がわからないという人や企業がある。業績だけでなく気持ちまで落ち込み、何も見えなくなってしまった状態だ。

こういう場合には、まず圧縮法を使うとよい。たとえば30坪で年間2000万円くらいの売上げの店の場合、その店では何が売れているか、何が得意か、何の効率がよいのかはだいたいわかるだろう。ところが、1000万円しか売り上げていないと、そういうことも見えず、どうしていいか見当もつかなくなる。こういう場合は売場を10坪と20坪に仕切り10坪の売場のほうに入っていた商品と従業員を20坪のほうにすべて移して詰め込むのだ。

こうすると、年間売上げは1200万円くらいにまでに伸びる。これによって何が売れて伸びたか、何が高効率なのか、何が得意なのかだんだんわかってくる。つまり長所が見つかるのだ。あとはそれを伸ばしてやればいいことになる。

▼豊かな人生にするために使う

圧縮法は売上げを高めるだけでなく力をつけ、幸せに生きるコツとしても捉えることができる。それは、同じ仕事をするにも常により早く仕上げるように圧縮法を心がけるということだ。より早く仕上げることができればコストも安くつくし、生産性は当然高くなる。そういう数字で表現される部分だけでなく、早く仕上げることができれば自信もつき心に余裕もできるだろう。その上、他人の二倍働けば、他人の半分の時間で自分の使命を知ることができ、3倍働けば3分の1の時間で自分の使命を知ることができる。

そうすると、自分の使命を知った後の「本当の人生」を、人より長く生きることができる。この本当の人生は自分が真剣に取り組む、間違いなく充実した時間になるはずだ。これ以上、幸せに生きるコツはないと言っても過言ではないだろう。

▼社会や仕事で使う

長所がどうしても見つからない場合は、3ヶ月なり、半年、1年なりの間は自分を捨てた気になって、それがどんな仕事であれ、会社から与えられた仕事には文句を言わず、全身全霊で打ち込んで仕事に取り組んでみることだ。自分で決めたこの期間は、ひとつの仕事が終ったら、自分から次の仕事を求めるくらいに密度の濃い、言葉を換えれば、圧縮された時間を過ごすようにすればよい。

また、人から尊敬される人財になるには、「メチャクチャ3年間働く」ということが早道だと言われている。この3年間はダラダラの期間と捉えるのではなく、6000時間程度集中して仕事に取り組むということだ。

とにかく「根を詰めてやった」と後で振り返る時期を人生の中で一度は持たないと、永遠に一流にはなれないものだ。

圧縮付加法

売れない商品であっても数は減らしていいが、種類はなるべく減らさないのが圧縮付加法の基本である。

圧縮法の事例にあるように、30坪の不振店の中を仕切り20坪と10坪に分け、20坪の売場だけで業績が向上したら、次に仕切りを取り払って、売場を30坪に広げてみよう。

このときには、休眠していた10坪の部分には、長所だとわかった商品をさらに増やして置けばいい。長所とわかった商品を増やす、すなわち新たに付加するという意味で、これを「圧縮付加法」と呼ぶ。

ここまでくれば、最初30坪で1000万円だったような店も2000万円くらいになり、最初から考えると売上倍増ということになっているはずだ。さらに売上増を狙うなら、その状態の品揃えのままで、再び売場を20坪にして同じことを繰り返してやっていけばいい。

ここで大切なことは、たとえ売れない商品であっても数は減らしていいが、種類はなるべく減らさず、品揃えの豊富さは保つ。こうした細かなテクニックが圧縮付加法の基本となる。

▼豊かな人生にするために使う

圧縮付加法は「ツキ」が落ちてきたとき、再び、「ツク状態」を取り戻すために、欠かせない重要な方法である。これを人生というものに置き換えて考えてみると次のようになる。過去の自慢話が好きな人がいるが、過去の自慢話をしているだけでは、これからの成長も成功も効率的にはつかめないということだ。過去の自慢話は徐々に減らしていき、それ以上に未来のことを話し、新しい挑戦を続けていくことが重要なのだ。もちろん新しく挑戦することは、自信があり、好きなこと、得意なことが条件だ。このような挑戦を続けていけば、さらに自信がついていくし、人生そのものが楽しく、「ツク状態」になっていくだろう。これが圧縮付加法を使った人生を成功させるコツと視点なのだ。今日からは、過去よりも未来を多く語ろう。

▼社会や仕事で使う

圧縮法、圧縮付加法のよいところは、商品も変えず、人も変えず、すぐに取り組んで業績を回復させる視点を持っているということだ。実施すれば、単位面積当たりの商品も販売員もこれまでよりはずっと詰まった状態が演出されるはずだ。お客は、特に女性の場合は、商品密度の高い店が好きである。しかも、小売店での買い物客の70％以上は女性だ。とすれば、売場スペースを圧縮し、商品密度を高めない手はない。また圧縮付加法を知っていれば、競合が激しくなったときの対応も間違えることがない。それは競合が激しくなってもサービスや扱い商品のカット、絞込みをしてはならないということだ。競合が激しくなるほど、新しいものを今あるものに付加して対応していくことが基本なのだ。リニューアルや商品入れ替えに走る前に再確認しておくべき重要点だ。

商品の三つの分け方

主力というのは、競合市場の中で絶対に強いものでなければならない。

商売のコツは、商品を三つに分けることからはじまる。メーカーでも卸でも、小売でもこれは同様である。三つというのは、①主力商品、②準主力商品、③その他商品という分け方である。

「主力」というのは、絶対的強者、一番を維持できるものであり、競争相手に比べて、そして競合市場の中で絶対に強いものでなければならない。

「準主力」とは、強者、一番になれる可能性があるものだ。競争相手に比べて、そして競合市場の中で絶対的に強くなる可能性があるが、また、絶対的に弱くなる可能性もあるものだ。「その他」は絶対的に強くなる可能性は今のところないが、競合市場においては前二者の主力、準主力に付随して扱えば、それだけプラスになるものということになる。

一般に、主力をひとつ以上、準主力を五つ以上、その他をなるべく多く持つことが、成功の基本的条件である。

▼豊かな人生にするために使う

人が生きていく時も、この三つの商品の分け方は使える。独立自営業者の場合も、生活や経営主体となる「主力商品」を持つことが重要である。それが主力商品かどうかは、普通、お客様が決め、やがて同業者が認めるようになる。その段階で、それは「主力商品」として定着したことになる。そこで、生活や経営が初めて安定するのである。現在の「主力」だけを維持することは、客数を減らし、だんだんと変化を不安定化させていくことにつながるため「準主力」を持ち、育てていかなければならない。「準主力」が大事なのはこの理由による。さらに「その他」が多ければ多いほど、人でも企業でもマクロ的視野が開けてくる。いわゆる、「その他」の数が「準主力」を増やし、さらに「準主力」の「主力」化、あるいは「主力」の強力維持の基本につながるのだ。

▼社会や仕事で使う

主力商品に何を選ぶかが、事業の盛衰を決める。絶対に守らなければならない選定原則は以下の通りだ。まず主力商品は競合者に対して、最も市場内で強い商品でなければならない。だから主力商品には市場の中で最もよく売れるもの、そして最強の競合相手の主力商品であるものを選んで主力商品にすべく挑戦していかなければならない。競合の少ない商品を主力にするのもよい方法だが、やがて競合が激化すると、店自体が敗れ去る可能性があることを理解しておく必要がある。

小売業は、すべての部門、扱い商品で理想的な売場面積をとるのはむずかしいため、まず主力商品は優先して理想的な売場面積をとり、準主力商品に関しては競合相手とあまり遜色のない売場面積をとるのがよい。その他商品に関しては非常に狭い売場でもよい。

マーケットサイズ

日本人1人当たりの支出がわかれば、マーケットの動向が簡単かつマクロにつかめる。

ここで言うマーケットサイズとは、船井総合研究所の独自の概念で、日本語に訳すると「国民一人当たりの消費支出金額」ということになる。わかりやすく言えば、その商品やサービスを日本人一人が平均いくら年間に消費しているかということである。

マーケットサイズがわかれば、マーケットの動向が、簡単かつマクロに把握できるようになる。なお、ここでいう日本人一人ひとりとは日本国民一億二七〇〇万人のことだ。マーケットサイズが算出できれば、あとは対象とするマーケットの人口（小売業の場合は商圏人口）を設定することで、おおよそマーケット内でどれだけの需要が存在しているのかが計算できる。

そこから、現在のシェアやポジションが計算でき、拡販余地をどう攻めてシェアアップをはかるのかという検討を進めることができる。またマーケットサイズを時系列に眺めていけば、その商品や業界の動向と推移が理解できる。

▼豊かな人生にするために使う

マーケットサイズを理解し、科学的な思考を持っていたら、店を開いたり、営業先を決めたりするときにも無駄な骨折りを防ぐことができる。たとえば、サラリーマンを辞めて独立開業して飲食店を開業したが、思ったほど客が来ないというようなことがよく見受けられる。調査してみると、対象としている商品のマーケットサイズがあまりにも小さすぎて、努力を続けても得られる果実はもともと、たかが知れているものだったという、笑うに笑えない話も多く存在するのだ。気合があっても需要がなければ、売上も利益も獲得することはできない。地方都市では人口五万人ぐらいまでの町が多い。こういう町ではマーケットサイズの合計金額が最低1000円程度なければ、店を開いても商品を仕入れて販売する物販で利益を計上することはとてもむずかしいことなのだ。

▼社会や仕事で使う

マーケットサイズがわかってくると、効率的な店づくりや仕事の仕方が見えてくる。時流適応の基本は、誰でも楽に成功するマーケットを選ぶことだ。つまりそれは、マーケットサイズが年々増加している商品を調べ上げ、取り扱うということだ。そういう伸びている商品は客観的な数値で調べるのがまず基本となる。

流行のPB（プライベートブランド）商品は、メーカーのNB（ナショナルブランド）商品に対抗して、主として小売業が自社の名前を冠して企画製造した商品だが、これらの商品はほとんどの場合、マーケットサイズの大きな商品だ。一定数以上の商品量をこなさなければ作れないから、それは当然のことだ。このあたりのことがわかると、次にPB商品として出現するだろう商品の予想もつくはずだ。

売上高の公式

売上高＝マーケットサイズ×商圏人口×シェア。

マーケットサイズがわかれば、売上高が読めるようになる。それは、売上高＝マーケットサイズ×商圏人口×シェアとなる。

マーケットサイズは国民1人の消費支出金額だから、それに商圏人口を掛ければ商圏内の総需要額が算出できる。その商圏内の総需要額に目標とするシェアを掛ければ、目標とする売上高が出てくるということだ。商圏人口がわからなければ、チラシ配布枚数を3倍すれば、おおよその商圏人口は算出できる。

なぜなら、平均的な世帯人数は地域差はあるものの3人弱だからだ。新聞は事業所などにも一部配布されて目減りするため、だいたい3倍を掛ければ商圏人口は算出できるのだ。また、圧縮付加法でいう商品の追加とはマーケットサイズの付加のことでもある。

同じ商圏人口であっても取扱商品のマーケットサイズを増やしていけば、理論上、獲得できる売上高の上限は上昇していくのだ。

▼豊かな人生にするために使う

お客様の満足度が高ければ高いほど、収入が増え、生活が豊かになり、幸せな人生を送れる可能性が高いのが人生だ。そう考えると、より広い範囲でお客様を見つけ、より深いつきあいをしていくことがいかに大切なことなのかもわかってくる。人脈の広さ、自分のファンの多さが収入や幸せに直結していくのだ。これが理解できたら、できるだけ早く人脈づくり（＝商圏人口の拡大）、ファンづくり（＝シェアの拡大）を開始しなければならない。打算的な人生を送ることをすすめているわけではないが、それが幸せな人生を送るための前提条件なのは間違いない。

そのためにはいつも笑顔でニコニコして、元気に人と接するほうがよいだろう。それにプラスして、ネアカな性格であるほうがよい。

▼社会や仕事で使う

売上高の公式は一般的に、売上高＝客単価×客数と表現される。こちらの公式を使うと、予算は立てやすくなるが、その根拠はあまりしっかりしたものにはならない。買い物カートを大型にしたから、1人当たりのお客様の買い上げ点数が増え、結果として客単価が上がるはずだなどと考えるのはまだいいほうだ。商品を入れ替えてみたが、多分今回の商品のほうが流行りそうなので客単価は上がるはずだというような根拠の乏しい期待で客単価を増やした設定などをしがちだからだ。客数のほうも、従業員全員で気合を入れて前年対比で増加を実現しようというような流れとなる。ところが、このようなやり方では予算の設定は楽だが実現はむずかしい。マーケットサイズを使えば総需要の中の目標シェア、目標売上高を納得のいくものにできる。

位相差戦略

位相差を作れば、相手に包み込まれにくくなる。

世の中では、相手よりも小兵力、あるいは兵の質が悪くても、戦わなければならないことが往々にしてある。そのときに座して敗れるのを待つだけなら、何もはじめから戦わなければよい。そうもいかないときには、強者が採用する包み込み戦略のようなベストの戦略ではなくても、自分よりも強者に勝てる方法はないか、ということが課題になってくる。相手より自分たちの兵力が少ない場合でも、相手が完全に包み込み戦略を取らないか、取れない場合は、俗に言う「位相差をつくる」ことがよいだろう。

位相というのは、周期運動のある瞬間における運動状態を言う。二つの周期運動が位相外の状態にあるとき、二つの運動のピークとなる瞬間は当然相反するものになる。この差のことを位相差と言うのである。つまり、位相差戦略というのは、相手よりもすぐれた要因をもって相手と位相を形成し、包み込まれないように手を打つことなのだ。

▼豊かな人生にするために使う

一般的に、勝利の原則は大兵力と位相差にあると言われる。ここでいう位相差とは、わかりやすく言えば、戦う土俵を変えるということだろう。このような手法をとれば小が大に対抗したり、小が大を負かし、支配すらできるという考え方だ。一点突破や差別化とは少しニュアンスが違う部分を持っていることがおわかりだろうか。たとえば、裁判や会議の場面において、常識的な正論で攻めてきたとき、切り口と論点を変えて反撃するというようなことである。戦いの場においては戦力だけではなく、ムードが大きく左右する場面もあるため、このムードを見方につければ小数派の意見と思われていたことにも過半が賛成というような形にももっていける可能性があるということだ。知恵を絞れば、いろいろな部分で位相差をつけることはできる。

▼社会や仕事で使う

近世において、ヨーロッパのアジア、アフリカ支配を可能にならしめたのは、弓矢と刀のアジア、アフリカに対して、鉄砲と大砲というヨーロッパの武器が位相差となって働いたからだ。普通、この位相差は名将とシステム、そして文明差によるのが最もよいと言われている。名将というのは、人使いと作戦についての一種の天才だ。弱小軍でも名将を見つけてくれれば、指揮官能力による位相差で善戦できる。二番目のシステムは参謀本部などの仕組みである。相手軍に参謀本部などのシステムがないときには威力は絶大である。三番目は文明差づくりだ。文明差は時間差と考えていいし、戦争で言えば武器の差になり、企業間競争においては技術や製品の差と考えてよいだろう。この効果はまったく絶大なものとなる。

モデルをつくる

モデルを見つけ真似したくなるとほとんどの場合、一挙に業績は向上する。

プラス発想、すなお、勉強好きの条件を持っている経営者は、モデル企業やモデル経営者を見つければよい。モデルは同業者では競合せず、しかもはるかに好業績をあげている企業や店だ。モデルを見つけて真似したくなるとほとんどの場合、一挙に業績は向上する。また成功した創業経営者も最高のモデルになる。なぜなら創業者は、「たえず前進」という意志と体質を持っているからだ。

モデルとなる事や人についての話を聞いたり、活字を読んだりしただけでは実態の10％もわからない。現場に行って十分説明してもらって、やっと30～50％、そこで手をとって教えてもらって70％もわかれば上々と言えるだろう。

したがって、モデルと上手につき合うというのが伸びるためのノウハウのひとつでもあろう。商いの道を進む以上、一足飛びの前進は無理である。一歩一歩、しかし、なるべく早く進まなければならない。

▼豊かな人生にするために使う

人はその目標・モデルと比較して現在の自分を理解する。つまりモデルこそが、その当人を成長させるのだ。モデルと思った人からはひたすら話を聴きたいと思うことにもなり、その結果多くの気づきや学びを受け取ることになる。だから、目標やモデルを、人生においてそのつど持てた人は幸せと言わなければならない。実際に人生、仕事において目標・モデルをキチンと定め、日々実践している人は成長や到達が早い。逆に自閉的に考えてしまう人、それはそれで長い一生では悪いことではないかもしれないが、わき道にそれがちになり成長には時間がかかる。具体的な目標やモデルを持てないという場合でも、視野を広くして見てみれば、よく似ている業種や環境で成功しているやり方はいくらでもあるはずだ。

▼社会や仕事で使う

モデル探しにもコツがある。小売店の場合なら、自分よりも立地の悪いところにある繁盛同業店を探し出すのが基本でありコツだ。なぜなら、立地がよければレベルの低い経営をしている企業や少々間違った経営をしている企業でも繁盛店を作ることが可能である。しかし、その企業よりも立地の悪い企業が同じことを真似すれば、たちまち失敗につながる。だから、意識して条件の悪い中で成功しているモデルを探すのがよい。また、モデルから直接教えを受けると成長は加速しやすくなる。ところが、モデルとなるツキのある人や会社は、ついていない人や会社とはつきあわないものだ。だから、そういう会社を紹介してもらいたければ、ツキのある状態になった時点でつきあってほしいという要望を出すのがよいだろう。

時流適応

一番でない限りは、この世の変化、時流の変化に敏感に適応していかないと、経営体を維持していくことはできない。

経営というものは、一番になるか、時流適応するのがよいし、また競合が激しくなるにつれて、一番であるか、時流適応していく以外は、経営がむずかしくなるだろう。それは一番の場合には、どのように環境や時流が変化しても、影響をあまり受けずにすみ、十分対応できるということなのだ。

これは、経営のコツのひとつだ。変化が激しいときや競争が激しいときでも、一番であるならば、利益の出る経営がやっていける。しかし、時流は常に変化していくため、いつまでも一番でいることはたいへんむずかしいことだし、実際はなかなかできないことだ。

一番でない限りは、この世の変化、時流の変化に敏感に適応していかないと経営体を維持していくことはできない。そこで、時流適応するということが経営のコツのもうひとつと言えるのである。また、時流適応とはこれまでの歴史を知り、そこから未来を予測し、存在を適応させようとするものでもある。

▼豊かな人生にするために使う

時流に適応する企業は、経営者や社員が人並の能力さえあれば順調に発展する。それだけでなく、企業の順調な発展が経営者や社員の能力さえ高めるのだ。逆に、時流不適応の企業は、いかに優秀な経営者や社員がいても、特殊な場合（一番か独占である場合）を除いては、利益を上げることはむずかしい。そして、優秀な人材の能力まで低下させることもしばしばだ。昭和30年代にスーパーが出現したとき、業界には人材と言われる人はほとんどいなかった。ところが、業界自体が時流に適応しただけで会社は驚異的な伸びを示して、人も育っていった。頭のよさ、健康度、収入のどれをとっても、時流に合った業界へ行った人のほうが恵まれていることがわかる。このような例からも、時流は人間をも作ることがわかる。だからこそ、時流に逆らうのは賢者のやることではないのだ。

▼社会や仕事で使う

時流適応とは、消費が拡大途上にあるとき、供給不足のときなどの、供給者から見た状態のこととも言える。経営体がこの状態のときには多少、危険だと思っても突き進み得る。時流が成功を与えてくれるのだ。しかし、時流不適応＝供給過剰となると、客の一番集中化に対応して一番主義をとるか、自信を持たないと企業は突き進むことができなくなる。また時流が見えないために適応することがむずかしくなれば、まずは一番主義をとることがベストである。さらにくわしく説明すると、時流適応している企業は客の存在が経営体の業績を左右しているわけだから、むずかしいことを考えるよりも、早くお客様を見つけ近づいたほうがよい。時流不適応企業は競合者の存在が経営体の業績を決めていくため、強みを活かしたマーケティング強化を進めることが重要だ。

弱者の正攻法

弱者の場合は部分的に包み込み、その部分で強者になることが重要。

強者と弱者が戦った場合、強者は弱者を包み込めば勝ちである。包み込み戦略は強者の戦略である。弱者の場合は部分的に包み込み、その部分で強者になることが重要である。

つまり、弱者が強者に勝っていくためには、ひとつずつ局地戦で勝っていくしかない。中国の革命時における毛沢東は「われわれの戦略は一をもって十にあたることであり、われわれの戦術は十をもって一にあたることである」と言っている。革命当初、中国共産党軍は、国民党軍の持てる十の力に対し、一の力しか持っていなかったが、この一の力で十を破り、革命を達成すること、これが中国共産党軍の戦略だったのだ。

そして、個々の戦闘場面においては、敵の弱い部分、手薄なところへ、自軍の持てるすべての力を集中し、完全に相手を叩きのめすということを、その戦術の基本としていたのである。

▼豊かな人生にするために使う

競争に勝つためには、自分の得意なものを主張する前に、相手に合わせることをまず考えることが重要だ。なぜなら弱者が生き残れるのは、強者が弱者を生かしておこうと考えたときか、弱者のほうが、強者よりもはるかに頭のよい場合しかないからだ。相手に合わせて競争しようと思うと、競争相手が自分よりも強者なら、初めから勝てないということがはっきりとわかってくるはずだ。

したがって、自分よりも弱者としか競争しないというのが原則となる。そのうえで、自分より弱者と競争して勝っている間に、力がついてきて自らも強大になれると考えていくのが競争の常識と捉えることだ。

それを繰り返している間に、業界内では最強者になれ、かつては自分よりも強大だったものとの競争が可能になるのである。

▼社会や仕事で使う

一代で店を大きくした人の標準パターン。

①まず生きるためにムチャクチャがんばった
②そうしたら繁盛した
③繁盛すると、店を大きくし、人を使いだした
④勉強の必要性が出てきた
⑤やがて経営コンサルタントや仲間と知り合った
⑥仲間はみな優秀だったので、負けじ魂が働いて、よりがんばった
⑦仕事（商売）にばかり全力投球してきたので、気がついたら50歳を過ぎていた。商売以外は何も知らない。他に趣味はほとんどないぐらいがんばってきた

弱者の立場にある小さな店のほうが、強者である大型店よりも創意工夫とフットワークが必要となる。相手に包み込まれないかを考え、努力を怠らないことが重要だ。

Knowing

——仕事を上手にするため、豊かに生きるための基本を「知る」——

3章 知る

自己成長につながる10のキーワード

創品と創客

創客か創品に取り組まないと業容拡大はできないものだ。

経営学者であるアンゾフの経営戦略として有名な製品市場戦略（成長戦略の構成要素を「市場浸透」「製品開発」「市場開拓」「多角化」の四つに分けたもの）を応用したものが、「創品と創客」という概念だ。この概念はマーケティング領域でとても便利に使うことができる。簡単に説明すると、マーケティング活動は大きく表現すると、「創品」と「創客」の二つに集約されてしまうということだ。最初は「創品創客」に取り組み、市場に受け入れられる製品を創造し、それを求める客層を創るところからしか事業はスタートできない。

そして成長を志向するならば、創客＝新しい顧客を創造し付加していくか、創品＝新しい商品を創造し付加していかないと、業容拡大できないということだ。

創品と創客はどちらも大事だが、競争が激しい時流では、まずは積極的な創客志向を意識するのが正解だろう。

▼豊かな人生にするために使う

商売の現場では、売上高＝客単価×客数という公式で表現されることが多い。この公式は、客単価を伸ばすか客数を増やすか、どちらか一方、もしくは両方に取り組まないと売上高は伸びないということを示している。つまりお客様を増やすか、商品を増やすかが業績向上の決め手ということなのだ。当然、何割かの既存客、既存商品は衰退してくるから、常に新規客か新商品の追加が必要だということとには、すぐに気がつくだろう。この創品と創客の考え方を人にあてはめてみると、年齢に応じて自分のおつきあいの幅を増やし、新しい人脈づくりを心がけること、年齢に応じて自分自身の知識、経験、技術、人間の幅などを広げ、毎年人として継続して成長し続けていく状態をつくらなければ、歳とともに収入を増やすことはむずかしいこともわかるだろう。

▼社会や仕事で使う

創品と創客の考え方とライフサイクルの考え方を組み合わせて考えれば、ほとんどの業界が成熟化し需要を供給が上回る衰退期・安定期に突入している今、商品の品質差はきわめて少なくなっている。その関係から、メーカーは、新商品、新商材を作っても、商品がスムースに流れていく販売チャネルを用意できないと、商品は売れていくわけがないということがわかってくる。実際にこの問題は、百貨店中心の高級ブランドアパレルなどが、急速に売上高とシェアを落としていることからもわかるだろう。作れば売れる時代は終わった。まさにマーケットイン型の売場確保、創客が求められているわけである。また、自社が一番になれる商品をひとつ以上持っていれば、付随する関連商品を増やしていく創品のやり方が会社全体の利益につながりやすいということも覚えておきたい。

差別化の数値

誰もが差を認知できるのは1に対して1.3である。

船井流の数理マーケティングは人間の心理と購買行動を数値化して理解し、科学的そして効率的にビジネスの仕組みを向上させていこうというものである。その基本中の基本は「差別化の数値」の理論にはじまる。この理論は、以下のような実験から導き出されている。1m、1.1m、1.2m……というように10㎝ごとに棒を用意したとき、まず1mの棒を10秒見せたところで隠し、次に1本ずつ残りの棒を見せて、はじめの1mの棒より長く見えるのはどの棒かということを調べたときにわかる。1.1mだと、ほとんどの人が認知することができない。そして1.2mだと、一部の人が1.2mのほうが長いと認知する。そして1.3mでは、ほとんどの人がそちらのほうが長いとわかるのだ。つまり、誰もが差を認知できるのは、1に対して1.3であり、これが差別化の基本となる比となるのである。面積で考えるときは、1対（1.3^2）＝1対1.69（≒1.7）となる。

▼豊かな人生にするために使う

この理論が最も理解できるのはバーゲンセールの価格設定である。通常、1割引、2割引で販売しても、大きな売上を作ることは非常にむずかしい。なぜなら1÷1.3＝0.77、つまり2割3分引き以上の差がないと、割引の効果は限定的となってしまうからだ。3割引にすれば、0.3に対して元上代は1となり1.42倍となり、1.3以上の差がつくため、集客力抜群の打ち出しとなるのである。この理論も応用の幅は広い。たとえば、2人の人がある仕事を依頼された場合、片方の人が10日間で仕上げるところを、もう1人の人が7日間で仕上げれば、圧倒的に後者の人のほうが優秀だということが、上司や依頼者に伝わる。また、他人の1.3倍以上のハッキリとした言葉と声の大きさで挨拶できる人は「とても元気で好感の持てる人」という印象を与えやすいことになる。挨拶の回数も同様だ。

▼社会や仕事で使う

競合店対策においては、アイテム数を心理学的な差別化の数字である1.3～1.7倍持ち、価格上の対策も行なえば、圧倒的な商品力強化を実現できる。以下の手順が効果的だ。まずは、競合店に対して床面積の1.7倍の店舗面積を確保することを検討する。

次に、部門別に什器の間口尺数とアイテム数で1.3：1の数値がとれないかを検討する。自分たちの店舗の核となる部門を中心に伸ばし、次に、減らす部門を考えていく。什器に関しては売上げに直結する間口尺数を最優先で確保する。間口尺数とは陳列長であり、歩く距離だ。そして、間口で勝てないなら密度で攻め、棚段数を増やせばよいのだ。アイテム数に関しては基礎数値を使って部門別什器尺数と同様に強弱をつければよい。価格政策はバーゲンの考え方と同様だ。

師と友づくり

よい師と友は、時間の上手な使い方について、最高のアドバイザーである。

成功し50歳を過ぎた創業オーナーたちと会うと、ほとんどの人が「時間をもっと上手に使っておけばよかったと思います」と言う。また、「私が現在成功したと言えるかどうかはわからないが、現在の私があるのは、よい師と友のおかげです。彼らは、時間の上手な使い方について、最高のアドバイザーでした」という趣旨の発言も出る。言い換えると、「アタマをよくするために、若い頃はもっと上手に時間を使うべきだったし、よい師と友が、アタマをよくするための時間の利用法を、最も上手に教えてくれた」という意味になるのだろうが、このような人たちは他人の時間も大事にするため、無駄話をしたり、時間を浪費させない。自分の時間だけでなく、他人の時間も上手に活用する能力は、人生で勝者になるための基本的能力と言えるだろう。アタマをよくして成功するには、よい師と友をつくるのが、やはり最もよい方法のはずなのだ。

▼豊かな人生にするために使う

成功の基本は純、根、信、仲間づくりと言われ、このクセを自分につけることが大切だ。

・純＝何でも喜んでコツコツやること
・根＝完全に地に根づくまで基礎固めをすること
・信＝師をつくり、教わり、その結果自分に力がつくと師のありがたさを知り、師と自分を信じるようになる
・仲間づくり＝成功者ほど仲間を大事にし、仲間と励まし合い、競い合う。そのために仲間づくりをすすめること

上手に生きようと思えば、自分で努力するだけでなく、絶えず師や友から学ぶことが重要なのだ。師ができると、伸びる手法がよくわかり自信がつくようになる。また良友は励まし合い競い合う関係になる。師や友は自然にできる場合もあるが、できるだけ積極的に作る努力をするべきである。

▼社会や仕事で使う

師や友ができると、どんな人でも「がんばらなければ」と思うものだ。ところががんばるためには、強い意志がいるし、がんばらなくても日本では生活ができないわけではないので、実際には多くの人はがんばれないまま終わるのが普通だ。あなたが智者になり、成功したいなら、最も効率よくアタマをよくするために見本を示してくれるよい師と、競争心をあおってくれるよい友を作ることがポイントとなるはずだ。したいことをさせてくれない人とか、したいことに批判やマイナス条件をつけ、ケチをつけるくせのある人が、残念だが世の中には存在する。成功し伸びようと思うのだったら、決してこういうタイプの人を師とか友として選ばないことが重要である。経営コンサルタントやコーチなどを選ぶときにも、この点をチェックするのがよいだろう。

信者づくり

一度人間関係ができたなら、それを大事にし、その関係をより進め、助け合い、信頼し合い、よりよいほうに発展させるのがベストだ。

一度人間関係ができたなら、それを大事にし、その関係をより進め、助け合い、信頼し合い、よりよいほうに発展させ、それをもとに人間関係の輪を広げていくのがベストだ。

顧客との関係は、①一般客〜一見の客のような客。顔ぐらいは知っていても、名前も住んでいるところもわからないお客様のこと、②知人客〜店の人とお客様がお互いに、名前と顔、そして住んでいるところぐらいは知っている関係のお客様、③友人客〜店の人とお客様が、電話で無理を頼み合えるぐらいの関係のお客様。たぶん、顔、名前、住所、電話番号の他に、癖ぐらいまで知り合っている仲、④信者客〜その店にお客様がとことん惚れ込んでくれていて、そこの店で売っている商品は、よほどのことがない限り、他店からは買わないというお客様。信者の関係は夫婦のように、頼まれなくても相手のためによいことはないか、とたえず考える最終形である。

▼豊かな人生にするために使う

知人客の価値は10万円、友人客の価値は100万円、信者客の価値は1億円に匹敵すると言われる。そして、名前を知ってくれているだけのその他大勢の一般客の価値は10円ぐらいのものだ。人の収入は電話で用が足りる人の数に比例すると考えればわかりやすい。電話ができるのは最低知人客以上の関係だから、知人客の数が100人なら年収1000万円。1000人なら1億円の価値があると考えればよいことになる。実は商売は利害関係以上に人間関係が重要だ。つまり、自分を好きになってくれる人をいかに多く作ることができるかという視点が重要なのだ。そういう人には、難しいことを頼むのにも電話で事足りる。だが、かなり難しいことを頼むのは、信者の関係レベルでないと無理だ。そういう人が何人いるかを考えてみるといいだろう。

▼社会や仕事で使う

商売で大事なことは、リピート客づくりだ。客数＝既存客＋新規客だが、いくら購買頻度の低い商品を扱う商売であっても、既存客のリピート購買を無視するわけにはいかない。小売店舗の場合なら普通、売場面積3・3平方メートル当たり10人の信者客がいると繁盛疑いなしと言われる。立地が悪くても、多少品揃えで劣っていても、信者客と呼べる固定客を多くつくっていけば経営は成り立つだろう。一般に100人の信者客がいると、どんな商売でも大丈夫と言われる。真の固定客と呼べる信者客は、客と店の者が特別の関係にならないとできないものだが、この信者客づくりに成功したなら、その客の欲する商品を中心に店の品揃えを考えていけばよいのである。信者客を効率的に作り、増やしていくためには一味ちがった心温まるつきあいをすることが重要だ。

3回安定の法・10回固定の法

比較的短い期間に3回続けてその店で用を足し、3回とも満足すれば、お客様は固定客化しはじめる。

固定客とは、友人客、信者客のことを言う。商売にとっては、一般客（一見の客）、知人客を友人客に、そして友人客を信者客にといったように、客との関係をより親密化させ、固定化していくことがいかに大事かは強調するまでもないだろう。

普通、固定客は、「3回安定の法」からスタートしてできるものである。比較的短い期間に3回続けてその店で用を足し、3回とも満足すれば固定客化しはじめるというのが、この「3回安定の法」なのである。さらにそれが続いて10回満足すると、その店の信者になる。これが「10回固定の法」である。

特定客対象商法と不特定客対象商法が同じ土俵上で競合すれば、前者のほうが圧倒的に有利であり、後者のほうが圧倒的に不利なことは言うまでもない。客の固定化、特定化は品揃えや売場面積の劣勢を跳ね返すだけの力を持っている。

▼豊かな人生にするために使う

リピーター客づくりや固定客づくりが大切だと頭ではわかっていても、毎日の生活や仕事で、これを実践することはとてもむずかしい。たとえば、スーパーやコンビニでは定番商品の補充発注が売場づくりの基本だが、管理が悪く欠品が多くても平気な店舗が存在する。お客様は自分が欲しい商品が売場で切れていても、一度は「しかたがない」と考えてくれる。二度目で「この店はどうなっているのだ」という気持ちが起こってきて、三度目には「もういい。この店にはもう来ない」となりがちである。このように人を三度裏切ったり、三度無理な要求をごり押ししたりすると、温厚で寛大な人でも、「あの人はそういう人なのだ」というような固定観念ができてしまい、離れていくことになりやすい。まさに「仏の顔も三度まで」なのである。

▼社会や仕事で使う

新規開店して、開店後初年度から利益をあげようと思ったなら、開店後1ヶ月間に売場面積3・3平方メートル当たり4人、3ヶ月間に8人の固定客をいかにして作るかが重要だと言われている。このような固定客づくりの第一歩は3回安定の法である。この法則はオープニングセールやポイントカードでよく利用されている。たとえば飲食業の場合、一見客が多いため、最初にプラスチックカードなどを配るとコストが過大になる。そこで最初は低コストの紙の仮カードを渡し、3回の来店後、プラスチックの本カードに切り替えるのである。また、短期間で3回の利用を促進するため、5回目で何らかのサービスのあるスタンプカードに最初から二つスタンプを押しておき来店を促進するなど、多数アイデアも出てくるはずだ。

利益原則

利益を獲得するために重要なのは、一番に一体性であり、ついで主導権、三番目に一番を持つことだ。

企業体が存続する上で、最も大事なのは利益である。この利益については、以下のように表現することができる。

利益＝一番の数×扱い品の数×主導権×一体性

この公式では、利益要因を四つに絞り込んでいる。しかし真の要因は、この四つの条件を満たすだけではないだろう。しかし、この四つが最重要要因なのである。わかりやすく言えば、この四つの要因を満たせば、他の多くの要因は、みんな整ってくると言ってもいいだろう。利益を獲得するために重要なのは、一番に①一体性であり、ついで②主導権、③一番を持つことだ。この利益原則の公式から、これらのひとつの要因が欠けても、利益はそれらの積で決まるのだから、利益額はゼロになることもわかるはずだ。ここで問題となるのは、公式を知るのと同様に、利益原則を実践することである。最初は一体化をはかることから取り組むといいだろう。

▼豊かな人生にするために使う

利益原則の公式は、上手な生き方にも十分に利用できる。一体性は自分の属する組織や社会と、できるだけ同じ思想のもと、仲よくつきあうことであろう。そして、主導権は組織や社会に対して発言権を持つこと。リーダーシップをとれる環境をつくっているということである。

力をつけないと、組織の中で思ったことを積極的に発言できないものだし、発言する環境さえ与えてもらえないからだ。また、肩書きや役職がなくてもリーダーシップは発揮できるものだということにも注意しておきたい。一番の数とは、誰もが認める得意なこと、上手なこと、他人の役に立つことなどをたくさん持ち、力をつけて増やし続けるということだろう。扱い品の数はもちろん、さまざまな仕事の分野に関して「あの人ならできるはずだ」と一目置かれることが重要である。

▼社会や仕事で使う

①一体性というものは、まず社内が基本的にはひとつの哲学、思想で統一されているということ。一体性のためにCI（コーポレート・アイデンティティ）やコンセプトも上手に利用していきたい。

②主導権というのは、流通主導権、すなわち価格決定権と取引条件決定権のことである。

③一番の数というのは、市場で一番と認められる（それだけで経営が成り立つ）商品やシステムをいくつ持っているか、ということである。

④扱い品の数というのは、市場で「あの企業の主力商品はあれだ」と認められる商品やシステムをいくつ持っているかということ。

競合対策、利益原則、組織体確立法、シェアアップ法をマスターしないと、企業は上級レベルに到達しないものだ。

船井流組織体確立法

組織体はまず目的をつくり、そしてそれを使命感まで高め、さらにイデオロギー化し、そして教典づくりをへて、初めて確立する。

船井流組織体確立法は、心理学の中にドイツ第三帝国のヒットラー総統がつくり上げ、心理学者フロイトが証明したという「ヒットラー・フロイトの定理」にヒントを得てつくり上げられたものだ。

組織体確立は以下の手順で進めるとよい。

①組織に大義名分のある目的をつくる。
②目的を使命感にまで高める。
③目的をイデオロギー化し、トップはカリスマ化する。
④教典（理念・哲学のとりまとめ）をつくり、権限、責任を分散化しはじめる。
⑤自らの権威化と組織づくりに全力投球をする。
⑥組織の権威化と誰もが認める後継者づくりをはじめる。

③までは、ワンマン型経営者で走れる段階。④から⑤の手順の段階で組織活動がスタートし、⑥で組織は確立する。

▼豊かな人生にするために使う

ドイツ第三帝国のヒットラー総統がつくり上げ、心理学者フロイトが証明したという「ヒットラー・フロイトの定理」は、カリスマの必要性と、「カリスマ＝神格的指導者は不可謬であらねばならない」ということを説いている。わかりやすく言うと、カリスマは絶対に誤りを認めてはならないということだ。もちろん、誤りを犯すような愚は避ければよいのだが、もし誤りを犯しても、それを認めなければよいということになる。成長企業の経営者であっても、まずは自らをカリスマ化し、よく勉強して何が正しいかをたえず見きわめて慎重に行動するようにしなければならない。もし誤りを犯しても、自らは誤りを認めてはならないし、組織確立するまでは部下に否定させてはいけないものなのだ。

▼社会や仕事で使う

組織が拡大し、部署や階層ができてくると、組織内部の風通しが悪くなり、末端にいくほど従業員もばらばらになるのが普通だ。これを防ぐには、まず経営トップの思想や哲学を企業理念や経営理念にまとめる必要がある。ここで言う企業理念とは、どんな時代になっても変わらない企業の心や思い、創業の精神というものだ。経営理念は30年程度のスパンはこれでやっていけるはずと思われる企業活動の基本的な考え方と考えればよいだろう。これらの理念の中には、創業者や経営トップのお客様に対する使命や考え方が入っていることが望ましい。そして、この理念を「布教」でき、経営者と同じ思いで語り、人材を教育できる幹部を育成することが組織体確立のキーポイントになる。これは、新商品販売時にも利用できるだろう。

独自固有の長所

たとえば、売上高が業界1～2位の企業は、「規模の大きさ」（店舗数・店舗面積）や「商品の量」でマーケットに対応する手法でシェアを拡大する。しかし3番目以降の企業は、規模ではなく「強烈な独自固有の長所」を持たなければ、生き残ることはできない。しかし3位の企業であっても、たしかな企業理念を掲げ、「独自固有の長所」を持つ場合には、「利益率」で首位に立つことも可能となる。

このことは、売上高の規模では三～四番手であっても、「利益率」や「品質」などの面で業界最高水準の会社となっている企業は、特定の業界に限らず数多く見受けられるようになってきていることからもわかるはずだ。

3番目以降の企業は、規模ではなく「強烈な独自固有の長所」を持たなければ、生き残ることはできない。

「独自固有の長所」とは、数の論理に負けないためにと発想された船井総合研究所独自の概念である。

これは文字通り、独自性のある魅力（長所）を伸ばして目立ち、評価を勝ち取って勝ち残るという考え方だ。

▼豊かな人生にするために使う

多くの職場には、「○○さんがいてくれなければ困る」というような非代替性を持つ人が存在する。

このような人は、多くの才能に恵まれているわけではないものの、力相応に固有の長所を活かしきって、職場で大きな貢献ができるようになったわけだ。短所を是正しても並にしかなれず、評価されたり、貢献していると認識されることは少ないが、このようにその人らしい長所を伸ばせば、職場や世の中で大きな貢献を実現し、評価されることはたくさんあるはずだ。

これこそが、「独自固有の長所」を活かした生き方であり、力相応一番主義の思想なのだ。まずは自分の力量に応じて、何かひとつの分野の中で秀でた意識を持つことが重要なのだ。よい意味で「目立つ」ということが得なのだと理解しよう。

▼社会や仕事で使う

現代は、「売上高」や「会社の規模」で一番を目指すことが必ずしも最善の策ではなくなった。

このような環境の中では、その会社、その人ならではの魅力で勝負するという発想が大切になる。つまり、独自固有の長所の追求は、魅力あるオンリーワンを目指すということと同義なのだ。独自固有の長所には、いろいろなバリエーションがある。独自固有の店づくり、独自固有の商品、独自固有の販促、独自固有のサービス、独自固有の接客、独自固有のブランドづくり、独自固有の商圏、独自固有の顧客づくり、独自固有の立地、独自固有の歴史づくり、独自固有の生産技術、独自固有の営業方法、独自固有の提案方法、独自固有の企業体質づくり、独自固有の経営者、独自固有の品質基準、独自固有の対外的お墨付きなど、数え切れないほど出てくるはずだ。

ライフサイクル

ライフサイクル発想を使えば、体系的、時系列的に世の流れがわかってきて的確に時流に対応できる。

ライフサイクル発想というのは、この世に生存する生物、動植物の生涯をサイクルとして捉えた見方であり、生命の誕生から、導入期、成長期、成熟期、展開期（斜陽期）、安定期または死というサイクルを各個体が繰り返すことを応用した判断法である。

この発想法とか見方は、一種の先見性のための手法であり、それは絶対的なものではないが、ある程度これを活かして考えると、いろいろなことが体系的、時系列的にわかってきて的確に時流に対応できるため重宝だ。時系列的発想という、人間にとって最も基本的な思索とサイクル（循環）についての考え方にも大いに示唆を与えてくれる。

つまり誰もがわかり、しかも的確に時流適応法を見つけることができるということから、ライフサイクル発想を知るのは有効なのである。経営者は、ライフサイクルで時流の特徴を理解し、経営政策の決定を考えれば、整理がつきやすいだろう。

▼豊かな人生にするために使う

導入期の人、成功者の卵は、まず変わっているのが普通だ。あつかましく積極的で堂々悠々としている。ホラ吹き型か計画型のどちらかだ。成長期に入ると、この二つのタイプの人とも猛烈ながんばりを続けるようになる。それは自己への挑戦、自己中心型な目的が表に出てくるからだ。導入期から成長期に入る転機は第三者の力、予期しない力などによることが多い。そして、がんばり続けてある時期、客観的に自分が見つめられるスケールに達すると成熟期に入る。生き方に多少修正を加えたくなり、企業経営者なら思いやりが付加される頃だ。この時期に失敗する人は、偉くなったと天狗になる人だ。第四期に到達する人は第三期以降も勉強熱に磨きがかかり、優秀な知人が増え、師と友が増え続けていく。さらに謙虚になり、自慢と他人の批判が減るはずだ。

▼社会や仕事で使う

商品だけでなく、ビジネスそのものや業態にもライフサイクルは存在する。そして、成熟化は衣料品・食料品・住関連・サービスの順に進むため、衣料品の世界で起こったことが、遅れて食品の世界で起こり、さらに遅れて住関連の世界、そしてサービスの世界に伝播していくことになる。つまり、自分の業界よりも先に成熟化が進んでいる業界を研究すると、打ち手の原則が見えてくるということだ。今から起こると予想されることがわかってくると、競合対策もとてもやりやすいはずだ。ライフサイクル上で、供給不足から供給過剰になるターニングポイントを転換点と呼ぶ。どんな業種・業態・商品でも供給不足の成長期から、供給過剰の成熟期が訪れるのが普通だ。転換点前と転換点後の経営ノウハウはまったくと言っていいほど異なるため、ギアチェンジが必要となる。

マズローの法則

人間は自己実現に向かって絶えず成長する生きものである。

アメリカの心理学者・アブラハム・マズローは人間の基本的欲求には五つの段階があると説明した。これが、欲求の五段階説という有名な理論だ。
五つの段階は以下の通りである。

①生存の欲求
②安全の欲求（経済的な欲求）
③社会的な欲求
④自我の欲求（文化的な欲求）
⑤自己実現の欲求（心理的な欲求）

五段階の欲求の各々の関係は、①が満たされて、はじめて②の段階へ行き、①と②が満たされた後に③へと行くというふうに、一足飛びに上位の欲求が起こるわけではない。

マズローは、「人間は自己実現に向かって絶えず成長する生きものである」と仮定した。人は自己の本質を活かし、自己実現の欲求を最終目標に成長しようとする。

▼豊かな人生にするために使う

人間は、マズローの欲求五段階説で表わされている上位の欲求を徐々に満たそうとする。これが社会を進歩させてきた原動力だ。現在の日本の社会は、普通の人は①から③までの段階の欲求はほぼ満たされており、④の自我の欲求や⑤の自己実現の欲求を満たすべく生きているのである。人生の目的である自己実現は、余暇や趣味をいくら上手に利用してもなかなかそれだけで実現させることはむずかしいのが現実だ。ところが、仕事と遊び、仕事と趣味を一致させることができれば、自己実現は容易に実現できるようになる。つまり、マズローのいう自我の欲求や自己実現の欲求を最短進路でカバーする方法は、仕事それ自体を人生目的に置き換えてしまうことなのである。言い換えると、仕事を通じて夢を実現するのが一番簡単ということなのである。

▼社会や仕事で使う

船井総合研究所では、商業施設の商圏階層（商圏人口）がマズローの欲求五段階説とリンクして発生しているという仮説をうち立てている。

①1万人商圏（生存の欲求）：生きていくために必要な物の品揃え
②3万人商圏（安全の欲求）：安全に生活するために必要な物の品揃え
③7万人商圏（社会性の欲求）：人並み、世間並に暮らすために必要な物の品揃え
④18万人商圏（自我の欲求）：自分らしさを表現するために必要な物の品揃え
⑤50万人商圏（自己実現の欲求）：自分の夢を実現するために必要な物の品揃え

店舗を出店するときには、その店舗の商圏に合わせた商品の品揃えと売り方を採用しないと店舗は成立しない。

Knowing

――仕事を上手にするため、豊かに生きるための基本を「知る」――

4章 知る

利益を増やす10のキーワード

競争がないのが一番

競合者がありながら、競争しないでいい状態を、競争地域の中に作り出しておくことが、最高の競合戦略だ。

小売業において、成績は競合によって決まってくる。特に、店舗がオーバーストアになり、物もあり余って溢れてくると、成績の成否を握るのはお客様ではなく競合店になる。だから、お客様対応は大切なことではあるが、競合対策、同業者対策をどう考えるかが、経営においてはより重要になってくる。競合状態と利益の状態を見た場合、相手と自分が同じくらいの力を持っているときに競争が最も激しく、また、競合当事者にとって最も利益につながっていないということがわかっている。

では、競争者が皆無であったほうがいいかというと、そうではなく、自分よりもはるかに力の弱い競合者が存在するほうが、不思議ではあるが利益が出るのである。

ということは、自社が一番で、競合者がありながら、しかも競争しないでいい状態を、競争地域の中に作り出しておくことが、最高の競合戦略となるわけだ。

▼豊かな人生にするために使う

人生においては、可能な限り修羅場に入らないでもいいように常に自らを律しておく必要がある。そのひとつの方法は、力を貯え、修羅場に入りきれないほど大きな存在になって修羅場を包み込むこと。二つ目は、修羅場を包み込むほどの力がなくとも、そこへ誘われない、ケンカを売られないようにすることだ。ところが万一、ケンカや競争を売られたら、それは買わなければならない。時には、こちらの進路に敵がいて、やむをえず争わなければならないこともある。上手な負け方というのは自分の意志では不可能だが、敗者に恨まれない上手な勝ち方というのは、自らの意志で可能だから、ともかくケンカであっても競争であっても争いには勝たなければならないわけだ。逆に負けてしまったときには、物理的に闘いに敗れても心まで敗れてはならない。

▼社会や仕事で使う

競争が起こらないと、誰も無理をしない。無競争＝暴利にはつながらない。無理のないのが消費者にとっても決して損にはならないし、受給側は、もちろんのことである。つまり、競争を避け得るような無競合状態か、圧倒的一番店づくりを志向すると抜群の収益を生むようになるわけだから、競争をしないで勝つのが、ベストの戦略ということになる。そのためには、まずは無風地帯へ出店したり、ブルーオーシャン戦略をとることができないかと考えてみよう。もしくは、圧倒的に競争店と差をつける一番店づくりをめざし、ナンバーワン戦略をとることである。

出店する場合には、まずは十分検討して市場や立地を選ぶことが重要だ。マーケティングというのは競争しないで伸びる方法、競争して勝って伸びる方法の研究と言えるだろう。

AIDMAの法則

AIDMAの理論は、売りたい商品にお客様をどうたどり着かせるか、ということを研究した理論である。

マーケティングの原点として、AIDMA（アイドマ）の法則が有名である。これは消費者がある商品を知ってから購入に至るまでのプロセスに五段階があることを説明している。

第1段階はATTENTION（注意～気づく）
第2段階はINTEREST（興味）
第3段階はDESIRE（欲望～ほしいと思う）
第4段階はMEMORY（記憶）
第5段階はACTION（行動～買う）

広告の世界では、AIDMAの理論が標準となって多く活用されている。この理論は、言い換えると、売り手が売りたい商品にお客様をどうたどり着かせるか、ということを研究した理論であるとも言える。

現在では、テレビCMやチラシ、POPだけではなく、営業トークのレベルにまでAIDMAの法則は幅広く利用されている。

▼豊かな人生にするために使う

人生を主体的に生きていくためには、目立つことが重要だ。目立たないその他大勢の中に入ってしまうと、なかなか主体的に生きていくことはむずかしい。いくら能力や技術が高くても、その部分を必要としている人に注目してもらわなければ、その才能や技術は存在しないのと同じである。人は、何事においても自分中心にいいように考えるため、「俺は才能があるはずなのに、なぜ認めてもらえないのだろう」「よい商品であるのは間違いないはずなのに、なぜ売れないのだろう」などと考える。しかし、なかなかその答えは見えてこない。その部分は「才能があることを気づいてもらうためにはどうするか」「よい商品だということを多くの人に理解してもらうためには、どうすればよいのか」と考えはじめなければ前進しない。

▼社会や仕事で使う

ＡＩＤＭＡの法則を利用するとき、課題となるのが、「何で目立てばよいのか」「どういうことを主張すれば効果的なのか」ということだ。この部分を考えるときに効果的なのが、ＦＡＢという概念だ。Ｆは特徴(ＦＥＡＴＵＲＥＳ)、Ａは利点(ＡＤＶＡＮＴＡＧＥ)、Ｂは利益（ＢＥＮＥＦＩＴＳ）の略だ。この概念を組み合わせれば、意表をついたキャッチコピーづくりや奇抜なデザインで引きつけなくても、商品やサービス本来の魅力でお客様を呼び込むことができるようになる。ＦＡＢの概念は、言い換えると、その商品の特徴や利点を常にお客様の利益で説明するということだ。つまり、売り手言葉を買い手言葉に変換して物の説明をするのが効果的ということだ。テレビショッピングのトークはほとんどそうなっている。

シェア原則

シェア（市場占有率）の数値は競合に対して意味を持っている。

シェア（市場占有率）の数値は、競合に対する意味を持っている。船井流シェア原則の意味は、ランチェスターの理論を発展させて以下のように意味づけている。

①74％は競争市場において、これだけ占めれば絶対安全という状態（独占シェア）。②55％は余裕がある独占状態。絶対的ではないが相対的にまず安全（相対的独占シェア）。③42％は現在、敵はないが将来有力な敵が現われるかもしれない状態（相対シェア）。④31％は別格の強さで、その地域では通常競合がない状態（寡占化シェア）。⑤26％は明らかに一番店であり、地域で名を知らない者はいない（トップ・シェア）。⑥19％は一番であっても安定はしていない。同レベルの売上の店と抜きつ抜かれつ（トップグループシェア）。⑦15％は競合の中で頭ひとつ程度、飛びぬけて流行っている繁盛店の状態（優位シェア）。⑧11％は自分の存在が競合企業に影響を与える状態（影響シェア）。7％はやっと存在が認められる状態（存在シェア）。

▼豊かな人生にするために使う

社内の売上げや利益で7％の貢献ができる人は存在シェアを確保している状態で、そこそこの人間が社内にいると認められている状態だ。全体のうちの構成比11％の売上げや利益貢献ができる人は、社内での発言は影響力を持って行使されるだろう。また、自分の収入の中でローンなど返済比率が11％を超えると、生活全般に影響が発生してくるということもわかる。商店街やショッピングセンターの空き店舗も11％を超えると、「この商店街は、かなり空き店舗が多いなあ」と、来店客に意識させてしまうことになる。セミナーなどにおいても空席が11％を超えると、妙に気になって「不人気なセミナーなのかな」という印象を与えることになる。7％の存在シェア、11％の影響シェアを意識して生活すると、活用できる範囲が多いはずだ。

▼社会や仕事で使う

シェアを研究すると、ランチェスター戦略に行き着く。ランチェスター戦略とは、第一次世界大戦時にイギリス人のエンジニア、F・W・ランチェスターが発見した法則をマーケティングに応用したものだ。日本国内では、ランチェスター協会が中心となって研究しているが、船井総合研究所では独自に九段階にシェアを分類し活用している。

ここでは、基本的な考え方をご説明しよう。どんなことでも初級レベルを究めるためには、まず11％の影響シェアに到達する必要がある。これは7％の存在シェア同様、努力すれば誰でも到達できる案外簡単なレベルである。しかし中級レベルを究めるには、トップシェアの26％に達する必要がある。これはかなりむずかしいことだ。この26％に達するためには、それまでとはまったく違った考え方が必要になってくるのである。

購買頻度

一人当たり年間何回その商品を買うかがわかると店づくり、販促活動などを効率的かつ効果的に実施できるようになる。

購買頻度という概念は、日本の消費者1人が平均して年に何回、その商品を買うかということである。すべての販売目的の商品と有料のサービスに当てはまる概念だ。

購買頻度を理解すれば、消費者の買い物の実態や生活の状況がより深く理解できるようになり、店づくりや販促活動が効率的かつ効果的に展開できるようになる。人間は購買を繰り返しながら、学習して進化していく。その習熟の過程で、自由競争の世界では商品の陳腐化が進み、かつ物の価格は徐々に下がってくることも理解できるだろう。

また購買頻度は、マーケットサイズをその商品の平均価格で除することによって算出できるものだが、この計算式で算出されるのは、パーソナルユース型の性格を持つ商品だ。家族で利用し、家族でまとめて購入するホームユース型の商品の購買頻度は、平均世帯人数をさらに掛けて購買頻度を算出する。

▼豊かな人生にするために使う

今、日本の市場では商品が溢れ返っている。食品スーパーでは、平均1万5000種類もの商品が並んでいるし、大型のホームセンターなら10万点の商品が揃っている。ところが、1人のお客様は1回の買い物で数点から十数点ぐらいしか買わない。その買い物の中心は、テレビCMなどで知名度の高いメーカーのNB（ナショナルブランド）商品、ロングセラー商品、生活に絶対に必要で、すでに何回も繰り返し購入している購買頻度の高いおなじみの商品などが中心だ。これらの商品は、商品名と価格をわかりやすく記入したPOPをつければ、自然に売れていく。逆に購買頻度が低くなじみの少ない商品が買い物の対象となり自然と売れていく確率は相当低い。だからこそ、そういった商品には丁寧な説明書きのPOPを取り付ける必要があるのだ。

▼社会や仕事で使う

購買頻度の高いものは近くで買い、購買頻度が低いものは遠くにわざわざ行ってでも買うのが、買い物における人間の心理の基本だ。つまり、100万人以上の商圏が必要となる百貨店という業態の品揃えは、一生に何度も買うことがない購買頻度の低い希少価値があるものがメインになっている、と言っていいだろう。

最近、百貨店が生き残りをかけて、低価格の紳士服や値頃感のあるファストファッション、ドラッグストアなどの導入を開始しはじめている。これは好立地を活かして、売上確保を狙うという戦略としては正しいと言えるだろう。しかし一方で、それらの取り組みは業態の基本構造を破壊するという見方もできる。話題性のあるブランドを導入してもいつかその商品は下火になり、このような問題が拡大してくるのは間違いないだろう。

主導権主義

主役になって主導権を取らないと人材は育たないし、企業力もつきにくく、経営の面白さも半減する。

主役になり、自分で意思決定をし、リスクを取って修羅場に飛び込んだほうが、脇役でいるよりは、どうしても、人間としての力=人として生まれた目的に沿った力が早くつくように思われる。

人材も、脇役ばかりさせていると批判精神と被害者意識が強くなり、理屈を言うか逃げ出すというような、よくない特徴が助長され、なかなか育たないものだ。その上、脇役業は、あくまでも主役あってこその存在だから、それを本業にしていると権力的強制力を持たない民営企業体は、顧客の固定化、組織化もむずかしいし、企業体としての安定もなかなか実現できなくなる。

わかりやすく言えば、主役になって主導権を取らないと人材は育たないし、企業力もつきにくく、経営の面白さも半減するということだ。

客志向の時代とは言っても、主導権も自主性もない客志向では経営体は維持できず、社員にも力がつかないだろう。

▼豊かな人生にするために使う

人間は主導権を取ることができ、自分の考え方で開発ができる楽しさに浸ることが必要だ。そして、たえず主導権と開発を考えていないと大きな成功を勝ち取ることができない。また、主導権を取られるよりも取る立場のほうが、1人の人間としては楽しいことも誰でも知っている。だから、主導権のための条件である「力」をつけることに全力投入しなければならない。物財については、現在は供給過剰状態にあるから、小売業では比較的簡単に主導権を確保することができる。

一方、メーカーや卸の場合、よほど画期的な商品をつくるかチャネル戦略を上手に構築しないと主導権確保はむずかしい。しかし、その手法はいろいろあるので、挑戦していきたい。物を作るだけでなく、主導権をどう取るかを考えることが重要だ。利益や収入は主導権で決まる。

▼社会や仕事で使う

価格決定権を持てない企業は、利益を読むことが難しい。昨今はもの余りの時代で、川下での価格競争はとても厳しく、大手の小売業がバイイングパワーを武器に、仕入価格の引き下げ交渉を年々強化して実施してきている。つまり利益は、放っておくと下がることはあっても上がることはなかなかないということだ。このような厳しい時代に安定的な利益を獲得するためには、自分たちが価格決定の主導権を握る意識を持ち、その努力を継続することが重要だ。価格決定権を持つためには、商品や企業の本物性とそれらに裏づけられたブランド力という権威性のアピールが不可欠になるだろう。商標がついているだけでなく、商品には何らかの付加価値があることを、仕入先、消費者が認知してはじめて、その商品はブランド商品となるからである。

異常値法

短期間、集中してがんばった経験は、大いに自信につながってくる。

異常値法とはある期間、全力投球で異常な好業績を叩き出す仕掛けを作ることである。的確なノウハウやテクニックにしたがって行なえば、異常値と思った目標予算であっても達成できるものだ。

しかもその短期間、集中してがんばった経験は、大いに自信につながってくる。もともと自信とは挑戦すること、経験することから生まれるものなので、異常値法を用い、攻めて攻めてぶつかってみることは、自信に直結しやすいのである。異常値法でいったん大きな売上げができると、力を緩めても、以前よりは何割かは間違いなく業績は向上する。

異常値法とは、このようにいったん売上げが上がるとなかなか元のところまで落ち込まない事情を利用したものだが、実際に自信さえつけば、経営内容が一挙に好転するというようなことはよくあることなのだ。販売員が本気で売る気になれば、1週間ぐらいの売上げの倍増も簡単である場合が多い。

▼豊かな人生にするために使う

物事を深く考えるには思考開始後、2時間以上たっていないと頭はフル回転しないものだ。2時間以上集中して考えると、確実に能力（脳力）は伸びる。運動やスポーツでも後で筋肉痛が起きるぐらいの負荷をかけて取り組まないと上達もしないし、楽々とこなすことができる筋肉もつかないものだ。何事も本気で取り組まない人は、ある一定レベルにまでは達することができても、それ以上にはなれないものだ。凡人が天才の域に至ることはむずかしいことだが、天才と呼ばれる人の多くが成果を収められたのは、彼らが継続的な努力を行なった結果であることも事実なのだ。自分自身を追い込み、集中して考え、答えを出す習慣が身につくと強くなれるし、自信もつくことだろう。

▼社会や仕事で使う

売上アップは前年に取り組んだことにプラスして、どれだけ新しいことに取り組むかということが基本になる。何の仕掛けもなく前年以上の大きな売上げを期待するというようなことは、おかしな発想なのだ。上司がラウンドする営業マンに、がんばれ、がんばれと尻を叩くだけでは一時的な効果があっても、長続きはしないだろう。そういうときには、異常値法の発想を思い出すとよい。一定期間で今までの常識を超える売上予算に挑戦し、達成することを目指すのである。できれば、組織全員のキャンペーンなどを企画するのがよいだろう。ただ単なる企画では常識を超える売上げは達成できない。だからこそ、従来発想にとらわれず、大胆な発想で新しいお客様を開拓できる方法、既存のお客様が大喜びする企画を発想することが重要なのだ。

積極的な客志向

競争が激しくなればなるほど、最も客志向した店や企業に客は集中する。

経営環境が悪化してくると、徹底的に強気型で客志向し、売上げを上げようとする経営者と、弱気型で経費や在庫を減らし、売上げを落としてでも利益を出そうとするタイプの二つに分かれてくる。

前者のようなタイプの店や企業の場合は、お客様が集中し、経費がかさむわりに、それ以上に売上げが上がって利益が出るのに対して、後者のような場合は、売上げが低下するだけでなく、利益まで減少し、やがては企業も店も消滅せざるを得なくなってしまうものだ。なぜそうなるのか。

それは、積極的な客志向こそが利益の根源であるという大原則。すなわち、「競争が激しくなればなるほど、最も客志向した店や企業に客が集中し、そこだけが売上げも利益も上昇させることができる」という競争の原理が働くからだ。商売は客のためにあるという経営の原点を忘れず、強気の経営を実践してほしい。そうすれば、必ず業績は向上するものだ。

▼豊かな人生にするために使う

物が過剰になったマーケティング主体の時代においては、最終消費者のほしがるものを見つけ出し、それを主体にものを作り、売り方を考える意識を積極的に持つことが重要だ。作る側が、自分の都合や考えだけで作るのではなく、あくまでも主体は消費者と考えるべきである。仕事というものは、まずは自分のためにするものだが、それは同時にお客様のためにするものでもあるはずだ。

それゆえに、お客様を喜ばせなければ絶対に成果は出てこない。経営者の仕事はお客様を信じ、いつも強気の姿勢を崩さず、競争相手よりも積極的な客志向発想で、たえず現状よりもよくすること=客や従業員が喜び、業績向上することを考え、考えついたならすぐに実行に移すことなのだ。1人の人間としても同じ。目の前にいる関係する人を喜ばせれば幸せはやってくる。

▼社会や仕事で使う

大多数の企業は、経営環境が厳しくなると、商品を高級化しようとしたり、極端な低価格対応を考えたり、在庫を減らし人を減らし効率化に逃げ込みがちとなる。ところが本当は、競争が激しくなったときこそ原点志向をしなければならない。原点志向とは無一文で商売をするならどうするか、あるべき姿の商売とはどういうものなのかを考え直すということである。そうすると、いろいろなアイデアが出てくるはずだ。それは一度ある程度の成功を収めた経験からすると、おおむね格好悪いことである。仕入先に出かけて商品を安く仕入れる努力を行なう。無駄な経費を抑えた実質本位のローコストの店を作る。新しい仕入先を開拓し、より多くの仕入先から高頻度で必要なだけの商品仕入を行なうなど。ベタな努力も積極的な客志向中心で考えれば実行できるものである。

個別対応

二番店以下の店を繁盛させるためには、お客様の個人ごとの要求に、できるだけ全面的に対応しなければならない。

小売店では、商圏内で一番広い売場面積を作り、競争相手のところにある商品をすべて置き、さらに競争相手のところにない商品も揃える「包み込み方式」を実行すると繁盛する。

ただし、店舗の広さなどの都合上、どうしても品揃えで一番店に勝てないという二番店以下の店を繁盛させるためには、お客様の個人ごとの要求に、できるだけ全面的に対応しなければならない。

市場が成熟化し、競争がますます激化する時代となり、お客様はますます多様化し、わがままになってきている。

このような時代には、売り手が一方的に提案して商品を売っていくだけではなく、お客様に個別に対応し、相手がほしいと思うものを売っていく必要がある。時代が、「個別対応」を求めるようになってきたと言えるだろう。特に、年配のお客様には個別対応のサービスや接客を充実させると、大いに喜んでいただけるはずだ。

▼豊かな人生にするために使う

仕事だけでなく、生活全般において全面的個別対応に取り組むと人間力が向上し、上手に生きていくことができる。そのためのコツとしては、以下のようなものがある。

①お客様が会社に来られたときには、できるだけよい応接室やよい環境を提供する
②お客様をおもてなしするときには、お客様が最も気に入ってくれそうな人が対応をする
③お客様がお帰りになるときには、必ずお客様を最後までお見送りする
④お客様には、その人に合ったお土産や役に立つ情報をできる限り差し上げる
⑤出会ったお客様には、必ずお手紙を書く

特に接客業、サービス業である場合は、このようなクセづけが「個別対応力」を向上させていくだろう。

▼社会や仕事で使う

物が少ない時代のキーワードは、「いつでも、どこでも、誰にでも」だった。ところが、物余りの時代となった現在のキーワードは「今だけ、ここだけ、あなただけ」という限定感覚の個別対応だ。そういう時代こそ、商売は人間対人間で行なうものという意識を持ち、一歩踏み込んで、お客様の一人ひとりの要望を丁寧に聞く、深刻な悩みに答えるという接客が重要となる。ただし、お客様がヘビーユーザーの場合はそれにふさわしい接客、そしてお客がプロの場合はプロに合わせた接客、逆に、初心者には初心者が喜ぶ接客と、接客も変化させないと紋きり型のワンパターン感が出てしまう。特に接客は、このように「個別対応」を意識して取り組んでいけばいろいろと差が出せる。それも規模が小さな企業でも取り組める、最大の優位性づくりのポイントだ。

人間的密着

常日頃から主力の取引先として扱われるように意識して努力しないといけない。

われわれ自身が、商品や仕入先を「主力」「準主力」「その他」と三つに分けて考えたりするように、取引先もまた、われわれを「主力」「準主力」「その他」のうちのひとつと見ているものだ。当然、主力の取引先である場合には、売れ筋商品を最優先して回してくれるが、準主力である場合には、商品が豊富にあるときに優先的に流してくれるぐらいの対応になりがちだ。

つまり、われわれは常日頃から主力の大切なお客様として扱われるように努力しなければならないのだ。では、どのようにすれば、主力のお客様としての扱いを受けられるようになるのだろうか。

そこには、仕入金額以上に心理的要素も加わってくる。人情や熱心さというようなものが、仕入先の心をとらえる場合が実際にあるのだ。そのあたりを考慮しておかないと、いくら注文をたくさん出しても、「あまりそちらには出荷したくない」というような得意先も出てきてしまうだろう。

▼豊かな人生にするために使う

どんな人にも大切にしたい人、大切にしたいものが存在する。それは、その人の心のシェア（マインドシェア）が高いのだ。市場シェア（マーケットシェア）やライフタイムバリューシェアのように細かくは算出できないが、心のシェアは間違いなく存在する。要は、好きか嫌いかということだ。

これは商取引でも同様だ。急に消費が拡大したり、何かの事件で需要が急拡大すると商品は不足し、仕入先とよい関係を結んでいない企業には商品が回ってこなくなる。

また、支払いをキチンと行なわないと商品出荷が突然ストップされるというようなことも発生する。厳しい競争時代には、顧客に密着して売りの力を強くしながら、仕入先にも密着して調達力を強くしておかないと商売を続けることがむずかしくなっていく。

▼社会や仕事で使う

商売のコツは、今までのお客様を固定化しておきながら、新しいお客様を増やし、しかもこれらの新しいお客様も固定化する（密着する）ことが必要と言えよう。セルフの店舗でも顧客カードを発行して、お客様の固定化の工夫をすることもできるはずだ。ただ単に、顧客カードを発行してもお客様の心をつかむことはできないことに注意したい。顧客カードを所持しているお客様の目線と気持ちを理解しながら、そのお客様が親近感を感じる、魅力的な企画を提供しないとリピート利用も固定化も実現できないだろう。最終的には、濃密な人間関係があれば、お客様との関係は切れないはずだから、カード会員とも、より接点を増やし、名前で呼べる関係づくりを進めることが重要となるだろう。不況期にはこの作戦が特に活きる。

同時処理人間

同時処理能力がつけばつくほど、知識と経験が増え、マクロ的なルールが作れる。

情報化の進展と急速なグローバル経済化の中で、地球は小さくなり、その小さくなった地球の中で、人も情報も高速に移動している。そのような急速な環境の変化は、私たち一人ひとりの生活からも時間を奪っていき、各人が忙しく毎日を生きるようになってきている。そのような時代には、何事においてもスピーディーな処理や決断が求められる。つまり、人間はますます同時処理で複数の仕事ができ、行動しながら思考もできるようになっていくことが求められているわけである。

たとえば、1日に同時に三つのことを処理することができれば、1日は72時間として使えるのと同じことになる。よく、ひとつのことを終わらせないと次に取り組めないようなタイプの人が見受けられるが、そのような流れで生活することは、現代社会ではとても損だ。一生は一回きりである。今という時代を、同時処理人間になってうまく生きたいものである。

▼豊かな人生にするために使う

ひとつの物事に神経を集中するだけではなく、同時に多くの物事に対して、そしてできるだけ多面的に〝感じる〟ことが大切だ。もともと、物事に対してはいろいろな見方があるはずだが、意識しないと固定観念や常識的な見方しかできなくなるのが一般の人間だからだ。ひとつのことのみを知るということではなく、多くのバラバラで関係ない、結びつきのないと思われるような知識も、積極的にドンドン同時に吸収していくほうがよい。それらは、やがて頭の中に入ったときにはバラバラでも、出てくるときには消化され組み合わされて出てくるはずだ。だから〝感じる〟ときには「まとまり」でなく、「バラバラ」と感じるほうがよい。「もの」ではなく、自分が納得できた「こと」が大切なのだ。

▼社会や仕事で使う

普段の生活や仕事においても、意識して同時処理能力をつけておくことが大切だ。同時処理能力がつけばつくほど知識と経験が増え、異質な知識と経験を組み合わせながら、マクロで汎用的な生き方や仕事の仕方のルールが作れるはずだ。そして、限られた時間の中で、絶えず二つも三つも同時処理で物事をこなしていくと、いつの間にか仕事も趣味も遊びも同一化してくるのがわかる。多くの仕事や経験の中から興味を持ったり、さらに打ち込んでみたいテーマが出てきて、やがて趣味的感覚でその仕事に打ち込めるようになるのが人間なのだ。仕事は仕事、遊びは遊び、レジャーはレジャーと割り切ると、優雅に見えるが、しだいに寂しい生涯を送るようになるため注意が必要だ。

Learning
——力をつけて大きな人間になるために大切なことが「わかる」——

5章 わかる

正しく方向づけができる 10のキーワード

天地自然の理にしたがう

天地自然の理にしたがうとツキ、反するとツキがなくなる。

世の中には、世の中を作り、動かしている原理・原則がある。この原理・原則こそが、天地自然の理だということをわれわれは知っている。この世の中は、おそらく単純な原理・原則によってでき上がり、運営されているのだろう。われわれは、天地自然の理のほんの一端しか知らない。いろいろなことを知っているようでいて、実は存在の原理、運営の原則の何万分の一も知らないのではないだろうか。

しかし知らなくても世の中は確実に動いている。その動きの中に原理・原則がある。この原理・原則に合ったことを実行していれば、どうやら「ツキ」がめぐってきて成功するが、それに反することを行なっていると、「ツキ」は逃げ、売上げも利益も下がっていかざるを得ない。

要するに、運や「ツキ」を呼ぶということは、天地自然の理にしたがうということなのだ。天地自然の理にしたがっていれば「ツキ」を呼び、反すれば「ツキ」を失うのだ。

▼豊かな人生にするために使う

勝負の世界に生きてきた人たちは、なかなか自慢をしないものだ。特に、決して対戦途中の場面については自慢をしない。なぜかと言うと、自慢をした場合は必ずと言っていいほど、その対戦では敗れてしまうからだ。これを「ツキ」や「運」という面から説明すると次のようになる。もし神がいるとするならば、この世は神の思し召しによって作られ、動いているものだと考えればいいし、神の存在を否定したい人は、この世は「天地自然の理」によって動いていると考えればよい。この神の意向とか、天地自然の理にかなう言動をすると「ツク」し、「運」が転がり込んでくるようだ。一方、神の意向や天地自然の理に反する言動を行なうと「ツキ」や「運」が逃げていくと言えそうだ。途中段階での自慢というものは天地自然の理が喜ばない言動なのだ。

▼社会や仕事で使う

中国には古来から、「物事を成就させるためには『天の時、地の利、人の和』の三つの要素が大切である」という教えがある（孟子）。「天の時」とは天のもたらす幸運であり、「地の利」とは地勢の有利さ、「人の和」は人心の一致だ。これは「天のもたらす幸運は地勢の有利さには及ばない。地勢の有利さは人心の一致には及ばない」という言葉なのだが、「天からいただいた時間、地の利、それに人の和を加えた三つが物事を成就するためには大切なことである」という意味でもある。これは現代の社会や企業にもそのまま適用できる。

今だけ、自分だけ、お金だけ、という発想で物事を考えず、宇宙の中心原理である「天の理」に沿って、世のため人のために尽くす企業は「ツキ」や「運」がよくなってくるという考え方と言えるだろう。

原理原則にしたがう

経営戦略は、自然や人間性の原理・原則に合致させなければならない。

戦略が、何よりも大事な時代になって久しい。戦略というのは正しい方向づけをすることだから、何よりも大事だということがわかっても、なかなか正しい先見性を持つことはむずかしい。このようなむずかしいときほど、原理・原則にしたがうのが一番である。世の中は、実に秩序正しく動いているものだ。

1年365日にしても、朝、昼、夜、朝と循環しているし、冬、春、夏、秋と循環している。とは言え、昨日と今日の朝は違い、マクロに見ればより善なる方向へ生成発展しているはずだ。

このような世の中の原理の中で、われわれ人間は、人間性という原理にしたがって生かされている。それは、どうやら自由と愛を両輪としたもので、この自由が競争と向上に挑戦し、愛が平等を呼び起こすようである。企業は、われわれ人間生活を取り巻く自然や人間性の原理・原則に、経営戦略も合致させなければならないのだ。

▼豊かな人生にするために使う

人間は、世の中の事実や現象の中から誰がやっても同じようになる原理・原則を見つけ、ルール化し、何度も検証して効果をたしかめ、確立してきた。学校の勉強では、そのような形で確立してきた人類の英知であるルールの基本中の基本を、いろいろと教えてもらったはずだ。それらは、言わば当然のこととして、丸暗記していれば人生のどこかで役に立つことになる。ところが、社会に出てからは、そういうルールを学ぶ機会は多くないし、百年前、二百年前のルールや法則だけで今という時代を生きていくことはできない。だから、企業や人は今の時代を軽快に走りぬけるルールを見つけ出し、活用する力と意思を持たなければならない。そして、先見性を持ち得ないと感じた時には正しいと思われる原理、原則にしたがうのが一番なのだ。

▼社会や仕事で使う

原則を知ると上手に生きられ、上手に仕事を進めることができるようになる。たとえば、原則の中には「大は小を引きつける」というものがある。これは大と小が結ばれたとき、同じようなことをやっていると、必ず小のほうがダメになるというものだ。この原則は、東海道新幹線ができて大阪と東京が結ばれたときも、瀬戸大橋ができて四国と本州がつながったときも、長野新幹線が開通して長野と東京がつながったときも原則どおりになった。そして、九州新幹線がつながったときには、熊本、鹿児島が地元の期待に対して地盤沈下を起こし、逆に博多が繁栄することになるだろう。原則に反してやっていけるのは時流にうまく合ったときだけだ。うまく使える原理原則を自分が体得したのなら、次はより多くの人にそれを知らせよう。

良心にしたがう

良心にしたがって生きる、と苦しいときにも明るく生きることができ、楽しく生きる知恵がつくようなるものだ。

人間の世界には、長い歴史を経て「良心」というものが高められて、築き上げられてきた。この良心というものは、誰が考えても正しい「善」である。

その望ましい「善」にしたがって生きることが、人類の霊的生命力を高め、さらに人類をすばらしい存在へと進化させていっていることは間違いないだろう。

人間は、「良心」にしたがって生きると、顔のつやがよくなり、気分も優れ、苦しいときにも明るく生きることができるようになる。そして明るく生きるからこそ、いいことが身の回りに起き、また楽しい知恵がつくようになるのだ。さらには直感力も高まっていくようにもなる。つまり、「良心」は人間の運命を好循環させる存在なのである。

「良心にしたがって正しく生きる」――これこそが、私たち現代人がとるべき態度である。人々がみなそのように生きることができたなら、世の中は確実に愉しいものになるだろう。

▼豊かな人生にするために使う

経営者は着眼大局、しかし決断は自分の体質や社会環境、市場環境を十分に考慮し、企業の目的に合致するかどうかも考えて、着実、堅実に行なうべきだ。そして、一度決断したら、実行は前向き、積極的に行動することが重要である。

また人生も経営と同じく、毎日が小さな決断と実行の繰り返しだ。決断を行なうときのコツこそが、「良心と自然にしたがう」ことなのだ。自然体、自然のあり方がベストであると気がついたとき、自然は、秩序が整然としていることもわかってくる。良心にしたがって正しく働き生きていけば、どんなに不景気になっても大丈夫なはずだ。そして、われわれ人間の最終目標こそが、「自然にしたがって」ということになりそうだ。これこそが「包み込み」そのものと思われる。

▼社会や仕事で使う

企業は収益を追求しなければならない。とは言え、それとともに社会性、教育性もともに追及しなければならない。企業が存続し、拡大再生産していくために収益が必要なことは説明不要だろう。そこで社会性、教育性とは何かを考えてみたい。

社会性とは、世の中全体をよくするということであり、教育性とは、企業活動によって影響を受ける人たちの人間性を向上させるということと言えるはずだ。一般に法治国家では、法律に反しない範囲では収益性があれば、社会性も教育性も追及できることにつながる。だから企業は、とりあえず収益性の追求さえ考えていればよいわけだ。ただし、法に触れないからというような考え方で、すべての人が割り切って社会活動、企業活動を行なうのなら、たぶん、そんな社会は、あっという間に崩壊してしまうだろう。

最終到達系から考える

最終到達系思考であるべき姿から考えると、事業の可能性と進む道が見えてくる。

何事においても、マクロな視点で物事を把握することが重要だ。そうすることで、正しい答えが何かが見えてくるからだ。つまり、短期的な展望や現時点の視点だけではなく未来から、それも最終到達系思考であるべき姿から考えると、事業の可能性と進む道が見えてくる。もちろん、企業間の競争にどう打ち勝つかということを最終到達系として見つめることも大切だが、真の最終到達系は、競争の先を志向したときに見えてくるはずだ。

たとえば、商売の最終到達系も各人、各社にいろいろとあると思うが、そのひとつに顧客満足の保証が挙げられるだろう。それも、できるだけ条件をつけず長期間であることが望ましいはずだ。なかなか高いレベルの追求だ。しかし、これとても競争を超えたレベルではなく、競争の行き着く先のレベルで求める最終到達系のひとつの姿だろう。究極の最終到達系は、企業として世の中にどう貢献するかだ。

▼豊かな人生にするために使う

人は、知っているように思っていても、実は世の中の仕組みの100分の1のことも知らないのが実態だ。だから、人間はわからないままに、いろいろと勉強し努力をする。そこで大事なのは、よりマクロな善の追求であり、秩序である。自然にしたがうこと、自然を考えることではっきりと最終到達系の答えは出てくるはずだ。地球温暖化や環境面の話を考えれば、これらは十分に理解できる話だろう。次に、最終到達系を考えるときに大事なことは、自らの自由の追求である。これも、あるがまま自然にしたがうのが、最も自由だということになる。そして、もちろんより自由な社会づくりを志向することが重要だ。豊かな人生を送るためには、自分自身が最終到達系に進んでいるかということを見分ける目を持てるかどうか、が何よりも大事なのだ。

▼社会や仕事で使う

会社運営において、最終到達系で考えるということは、より未来志向のマクロな視点で見て、その行為をすることによって世の中や人間社会にプラスになるかどうかを判断し、意思決定をするということだ。世の中や人間社会にマイナスになることは行なってはならないのが基本だ。そうは言っても、自動車が排気ガスを出すからといって完全に否定することはできないし、暑くてもクーラーをつけないほうがよいとは言っても、これも急に禁止にはできないだろう。だから、できることから少しずつ、世の中にとって正しいこと、よりプラスになること、よりマイナスにならないことを実行するように考えていかなければならない。商売人の場合の最終到達系は、できるだけよい商品を、できるだけ安くお客様に提供して喜んでもらう努力を志向することだ。

意識は一瞬で変えられる

人間の能力はすぐには変えられない。しかし、意識は一瞬で変えられる。

人間の能力は、すぐには変えることはできない。新入社員が、ベテラン社員と同じ仕事ができるわけはないのである。しかし、意識は一瞬で変えられる。

これは「自分は生まれ変わる」「絶対にこの仕事をものにする」というような覚悟を決めることがきっかけになる。そのような覚悟が決まれば、そこから確実に人生は変わり、周囲の風景も変わっていくことになるのである。会社の業績の向上のためには経営陣による仕組みの改善などもさることながら、社員一人ひとりの意識の向上が必要である。人の成長のためには、「気づき」が何より重要だ。他人から注意されたり叱られたりというような外からの刺激以上に、自らの気づきに勝る成長の機会はないのである。真面目さや愚直さ以上に、腹をくくって生きていこうと決めたほうが自発的なものとなり、新しい未来が切り開かれていくはずだ。人生の主役は自分である、と気づくことが重要なのだ。

▼豊かな人生にするために使う

人は普通、なかなか行動を変えることはできない。習慣化した行動は、悪く表現すればとても「楽」な行動だからだ。あまり考えずとも、あまり苦しまなくても、あまり努力や体力を要さずとも、いつもの習慣化した行動はできるものだ。ところが、いつもの習慣化した行動ではよい結果が出ないから、行動を変えなければならないということになるのだ。しかし、周囲の人がいくら注意をしても、うるさく言っても、そういう行動は体に染み付いていてなかなか変えることはできない。人は人を変えることができないと、よく言われるのはそういう意味なのだろう。そのような変われない原因は体にあるわけではなく、凝り固まった頭の中にある。だから、その頭を変えることが、豊かな人生を送るには何よりも大切なのだ。

▼社会や仕事で使う

「意識が変われば行動が変わり、行動が変われば結果が変わる」とよく言われる。これは企業では、「企業の従業員の意識が変われば、仕事への取り組み方が変わり、仕事への取り組み方が変われば業績が変わる」ということになる。だから、業績不振の状況をガラリと変えたいならば、少しぐらい注意しようというような考え方では不可能だ。根本的に動き方を変えようと決意しなければならない。そういう決意＝気づきは、ショックを受けるような衝撃的な出来事や、内発的な問題意識などがないとなかなか湧き起こってこないものだ。

だからこそ、上司が部下の行動を変えようとするならば、心の底から部下がそうしようと思うような気づきを与えてあげることが重要だ。部下の心も上司の持っていき方で、一瞬で変わるはずだ。

仕事の基本は守・破・離

守・破・離とは物事を習得するための学びの三段階を言う。

「守・破・離」の原典に関しては諸説あるが、世阿弥の「風姿花伝」を起源とする、物事を習得するための学びの三段階を言う。「守」とは、師匠の教えを正確かつ忠実に守り、技法を身につける学びの段階、「破」は身につけた技や形を洗練させ、自己の個性を創造する段階、「離」はそれを前進させ、新しい独自の道を確立させる最終段階である。

昔から剣道、茶道など、道というものは極意を授けられるまでは、脇目もふらずに「守」に徹することが求められた。極意を授けられた時点で師を破り得る力がついたと認められたわけだ。それからは師をたて、恩返しをするのだが、このことを「破」というのである。

そして、やがて師以上の自分のものを確立し、師の了解を得て「離」れていくのだ。この順序を踏むことが、正しい人の道であり、この道から離れたプロセスを歩むものは大成せず、邪の道を行く者が多くなると考えられた。

▼豊かな人生にするために使う

「守」は、まず真似することからはじめなければならない。一人前になりたければ、まずはモデルとして先輩や師匠となる人を見つけ、その人のやり方をよく観察しよう。会社はそういう人を与えてくれるとは限らないから、自分自身の身近でそういう存在をまず見つけることが重要だ。「守」の段階で、ある程度の結果を出せるようになったら、今度は他流も研究し、いろいろ異なる方法にチャレンジするのが「破」の段階。最後には、自分なりの創意工夫を続けて自分流の「型」を確立して、先輩や師匠から「離」れていく。よく見受けるのが、新人の段階から上の人の言うことを聞かない、聞いてもやらないという人だ。こういう人は、とても損な人だ。上の人や先輩を否定ばかりして、何でもゼロからスタートしては明らかに効率が悪く、なかなか成功しないはずだ。

▼社会や仕事で使う

ビジネスの世界でも、「守・破・離」は学びの基本としてあてはまる。ここで重要なのは、学ぶほうが「守・破・離」を意識するだけでなく、教えるほう、育てる側も「守・破・離」を意識して人材の育成に取り組まなければならないということだ。わかりやすく言えば、上司はやがて部下が「離」れていくことを考え、それを期待しながら、部下に正しい道を教えなければならないということだ。知っていることは惜しみなく部下に教えなければならない。

また、「守・破・離」は若手、中堅、ベテランと成長していく中にあると考えるだけでなく、職位レベルにもあると考えれば、一生が学びになるはずだ。つまり、管理職には管理職としての「守・破・離」があり、役員には役員の「守・破・離」があると考えるわけだ。

チャンスは先着順

チャンスは、能力順ではなく先着順だ。幸運の女神に後ろ髪はない、早くつかんだものが勝つ。

チャンスは、能力順ではなく先着順だ。これが真実なのに、日常の生活ではあまり意識されていない。

しかしよく言われることだが、幸運の女神には後ろ髪がないのである。それは次のような意味である。幸運の女神は前からゆっくり歩いてきて自分の前に現われ、通り過ぎていくのである。通り過ぎる前に、しっかりと前髪をつかまないと、チャンスをものにすることはできない。躊躇している間に女神が通り過ぎ、「しまった！」と思って振り向いてつかもうと思っても、そこにはつかめる後ろ髪はない。

つまり、チャンスをつかもうと思うなら、日頃から自分が何を欲しているのか、どんな機会を求めているのかを意識して、アンテナが立った生活をしておかなければならないのだ。目的意識が明確でないと、道は簡単に開けてくるものではない。

また、幸運の女神が現われたと思ったときには、まだ少し能力が足りないかなと思っても、積極的にチャレンジをするべきなのだ。

▼豊かな人生にするために使う

人生は、現状肯定、過去オール善で考えるべきなのだが、人によっては過去を悔いて、執着し続けてしまう人もいるようだ。そういう考え方は改めて、二度と同じ悔しい思いをしないように今日から生きることが何よりも大切なのだが、漫然と生きていたら、実はそうならないことも多い。人生はできるだけ計画的に生きたほうがよい。だから、チャンスも計画的に作り出したほうがよい。なぜなら人生は自分が思ったこと、考えたことが実現していくものだからである。そして、そういう考え方をしていないと、目の前にチャンスが来ても、それがチャンスだと気がつかないのである。サッカーなどのスポーツをしてきた人ならわかるはずだが、劣勢においてもチャンスがいつか来ると信じて、心と体の準備をしていれば、わずかな隙や空間を見つけてシュートが蹴り込める。

▼社会や仕事で使う

仕事において、チャンスを作るとはどういうことなのだろうか。それは、積極的な姿勢と思考をいつも崩さないということではなかろうか。業務においては、「さて、これは誰に頼もうか?」というようなケースがしばしば見受けられる。そういうときには、話をしているメンバーは詳細に人選を行なっているわけではなく、頭の中にパッとひらめいた、信頼できて案件にぴったりだと思う人のイメージが次々と出てくるわけだ。出てきた候補者に、それでは頼んでみようという段になったとき、人は二種類に分かれる。ひとつは「ありがとうございます。喜んでやらせていただきます」という人。もうひとつは「えっ、そうですか……。どうしましょうか?」と迷うか断るかもしれないという姿勢をちらつかせる人。客観的に考えるともちろん前者のほうがよいに決まっている。

本物

本物とは「即効性」「汎用性」があり、「副作用がなく」「お値打ち」で、なおかつ「単純」なものなのだ。

本物の要件は五つだ。

本物の第一要件は「即効性」である。すぐに、何らかの効用のないものは本物とは言いがたい。それはつき合うものをよくするはずだ。

本物の第二要件は「汎用性」である。何事につけ、汎用的、万人向き、全面的であることこそ、あまねく本物と言えるだろう。それは高品質で安全、そして安心できるものだ。

本物の第三要件は「副作用がない」ということである。いくら効果があり汎用的であっても、「副作用があるもの」はやはりニセモノである。本物には副作用がなく、つき合うものを害さない。

本物の第四要件は「お値打ち」である。お値打ちでないものはニセモノと言えよう。本物はお値打ちで経済的なのである。

本物の第五の要件は、「単純」であるということだ。複雑でわかりにくいものは本物と言いがたい。本物は単純明快であり、「シンプル・イズ・ベスト」で万能だ。

▼豊かな人生にするために使う

本物の商品があるように、本物の人間＝本物人と言える人は間違いなく存在する。わかりやすく言えば、「即効的に、困った人にいろいろな手を打ち、それを分け隔てなく全面的に、汎用的に行ない、もちろん副作用を起こすことなどなく、出会った人たちに人間の本当のお値打ちを考えさせ、それを『愛』の一言で単純明快に示し、普遍的に支持される人」だ。このように見ていくと、キリストをはじめとする神や哲人と呼ばれるレベルの宗教家などは、そういう要件を確実に持っているように見える。私たち普通の人間は、そういう本物人のレベルとはかけ離れた状態であることが一般的だ。とは言え、一人ひとりみんな「本物への可能性」は持っているのも事実であり、それを、現実のものへ高めていく責任を持って生きていかなければならないのだ。

▼社会や仕事で使う

本物を商品に当てはめると、「万人向きで汎用的な商品・グレードのものを、少し安く売る」ということになるだろう。

もう少し具体的に落とし込んで本物商品づくりを考えると、

①お客様の購入単位である「単品」の「中」から「上」グレードあたりの商品を強化する

②それは比較的万人向き汎用的な、つまり全客層向きの商品である

③その商品価値のバブル機能、プラスアルファのデザイン機能をそぎ落とし、その商品そのものの価値に立ち返って、その分安く提供できる商品のことである

というように定義できるようである。こうした商品を開発し、提供している企業や店の業績は、なかなか落ちるものではない。

ショッククリニック

人間はショックを受けるほどの課題を乗り越えたときに、はじめて大きくなる。

上手に生きていくには、ショックを受ける体験を数多くすることを意識しなければならない。そして上手にショックを乗り切っていくことが効率的に生きることにつながっていくのである。

だから、意識的に企業視察・現場視察などを心がけてショック・クリニックを実行することが重要だ。

見学先の人から話を聞き、お互いに意見を交換し合うことで正しい経営ノウハウを知ることができ、それを現場ですぐに応用するためにどうすればよいかを真剣に考えてみるのだ。ショック・クリニックでは参加者全員が同じ経験をする中で、積極的に意見を交換することが重要だ。それを適切にコーディネーターが誘導し、勉強をしていくのである。

コーディネーターは、参加者各員が自由に思ったことを言える雰囲気づくりを心がけていくことが重要だ。だから、「決して否定しない、恥をかかせない」とはじめに言って、発言を促すことが望ましい。

▼豊かな人生にするために使う

自己成長を考えると、成長のためには三つの要件が必要だと考えられる。ひとつは、できるだけショックの場に自らを叩き込むということである。ショックに叩きのめされてはダメだが、普通、人間には強い順応性があり、普通程度のショックならばショックを吸収することができる。二番目はできるだけ異なったコミュニケーションの場に自分を叩き込むこと、そして三番目は、できるだけ自分を客観化してみることである。客観化すると、自己の過大評価が少なくなるため、第三者の言い分を聞きたくなる。世の中には知らないことがたくさんあるのが真実だ。だから、これまでに経験したことがないような、いろいろな現象が押し寄せて来たときに、すぐ「そんなバカなことがあるものか」と言ってしまわないことが重要だ。

▼社会や仕事で使う

経営者や幹部になるほど、アンテナを張り巡らせて、率先して新しい情報や現象の収集に当たらなければならない。自身の引き出しの多さが、課題解決の意思決定や新事業、新商品開発、新分野への挑戦のアイデアになるからだ。たとえば店を見て感想を述べ合ったときも、すぐにその店の欠点を指摘したり、批判をする人がいる。これはよくない。視察の目的を考えれば、批判や欠点の指摘は不要であり、長所を見つけることが重要だからだ。また、社内で意見がまとまらないときや、今後の方向性を決めかねているときにも、論議するよりも成功している先進企業・現場の視察を積極的に企画することが望ましい。この方法なら、多くの人が一緒に行動して集中して論議できるから意思統一や方向づけも一挙にできる。

びっくり現象

「びっくり現象」を調べると、真実、現実への対処法から、未来への見通しまでわかる。

より根源的な世界を効率的に知る手がかりとして、「びっくり現象」を知ることは重要だ。今までの常識では考えられないびっくりするような現象を、「びっくり現象」と呼んでいる。

「びっくり現象」を調べると、真実、現実への対処法から、未来への見通しまでわかるものである。

今現在の「びっくり現象」が、近い将来には常識になることも多いと思われるからだ。そして、「びっくり現象」が多いときほど世の中は、加速度的に変化していることも知っておきたい。

あらゆる現象や現存する現象のすべてをまず肯定し、包み込んでしまうところからはじまるのが、船井流経営法の第一歩である。

ただ、あらゆる現象を肯定し、包み込むだけでは、実生活や経営には応用ができない。あらゆる現象に通用するベイシックなルールとなって、はじめてそれは使えるものになるのだ。

▼豊かな人生にするために使う

世の中には不思議な存在や現象が存在する。それらあらゆる現象をすべて肯定しよう。納得できてもできなくても、現象こそが真実であるからだ。世の中の進歩は、閉鎖系発想からできるだけ条件をはずし、開放系発想へと進むのが正しいため、とんでもない現象の発見こそ喜ぶべきであり、それをも包括した理論づくりへ進むのが正しい。

「びっくり現象」を集めて分析しルール化すると、時流対応や近未来への対応が上手にできることは間違いない。仕事に慣れベテランになると、現場は若手に任せがちとなる。それでも過去に得た経験や知識で稼ぐことはできる。しかしできるだけ意識して現場を回り、未知の繁盛店や成功事例に出会うチャンスを確保し、「びっくり」するという経験を意識して作ることはとても重要なことなのだ。

▼社会や仕事で使う

成長が停滞していたりマンネリ感のある社員に刺激を与えたいとき、「びっくり現象」を見せると効果がある。人間は、驚きを体験すると意識が覚醒し、自分にもできるかもしれない、と思うようになることが多い。世の中の元気な会社の経営者は好奇心旺盛な人が多く、日本中、世界中で自分が気になる店舗や現象を見て回っているものだ。

世の中で自分たちが知っていることは限られた狭い範囲の世界のことだ。日本中、世界中の実態を完全に把握している人など存在しない。「びっくり現象」同様、びっくり会社と呼んでもいいくらい、高い意識と高いレベルで経営に取り組んでいる会社は数多くある。それらの会社は朝礼の仕方、掃除の仕方、挨拶の仕方、商品整理の仕方、販売の仕方などいろいろな場面で、普通の会社の常識範囲をはるかに超えたレベルで実践している。

Learning

——力をつけて大きな人間になるために大切なことが「わかる」——

6章 わかる

成功をもたらす10のキーワード

思いは実現する

イメージ化でき、確信を持つことができれば、その願いは実現する。

人間は、思うことが実現するという能力を持っている。海外旅行に行こうと思わないと航空券の手配もしないいし、航空券を買うためのお金も貯えようとはしない。自分で思い描けない以上は実現しないのが、心のエネルギーの実態なのである。思うことが実現でき、怒ったりクヨクヨしたりはしないほうがいいということがわかると、上手な生き方もまたわかってくる。つまり、

①できるだけ、実現可能な大きな夢を持つこと
②それができる理由を、一所懸命に探し考えること、そしてできると思うこと
③そして腹を立てたり、怒ったり、クヨクヨしたりしないこと

これらが伸びる人の三条件なのである。意志さえ強ければ、この世でかなわぬことはない。だからこそ、「できない」という言葉を口にせず「できる」を口にすることだ。

▼豊かな人生にするために使う

人間は成果が上がり、所期の目的が達成できるようになると、今度は将来に対して現実的な夢想をはじめ出すものだ。普通、夢を描くと不思議に実現することがわかっている。これは、夢が潜在意識に作用し、潜在能力を高め、1人の人間をプロ・レベル人とする。さらにその夢が人間性にかなう正しいものであるならば考え方や思想に影響し、行動から習慣、そして性格、運命にまでも好結果をもたらし、成功レベル人を創り出し、夢を実現させるという流れからくるようである。

だからこそ、意識してできるだけ実現可能な大きな夢、正しい夢を考えること、そういう時間を一定時間意識して持つことが重要となる。また、先のことをいつも言う癖をつけるといいだろう。口に出した言葉やそのときに感じたイメージが、運命をよい方向に変えてくれるはずだ。

▼社会や仕事で使う

一流とか成功者と言われる人と普通人の違いは努力家かどうかにつきる。一般の人は怠け者であるのが普通だ。だから一般的に、優秀な企業や店の場合も、びっくりするような誰も考えつかない特別なことをやっているというケースは案外少なく、逆に当たり前のことだが、なかなかできないことを、キチンと当たり前にこなしているのである。夢が夢のまま終わらないようにするためには、「正しさ」を追い求める強い信念が必要だ。このような観点から見ると、優秀企業と評されるユニクロやマクドナルドが高い企業イメージを保持し、革新が継続して生まれてくる理由がわかってくる。よいと思うことを継続して続けることができ、悪いと思うことを即座に止めることができるなら、成功は当たり前の結果としてやってくるはずだ。

プラス発想

プラス発想の人たちは、どんなことも肯定しプラスに考え、決して人が嫌がるようなことは口にしない。

世の中の人には、案外ネガティブ発想の人が多い。本当のポジティブ発想＝プラス発想ができる人は1％もいないのではないかと思われる。プラス発想のポジティブ人間の人たちはどんなことも肯定しプラスに考え、決して人が嫌がるようなことは口にしない。

そして、そういう人たちと一緒にいると、周りの人は必ず気分がほのぼのとしてやさしい気持ちになる。

これに対してネガティブ発想の人たちは、常にマイナス発想をしようとしていて、ことさら人が嫌がることを言いがちだ。さらにネガティブ人間の人たちは、常に欲求不満なので、他人や会社を批判したり悪口を言ったり、脅すようなことを口にして不安感を与えることによって、自己顕示欲を満たそうとする。

ネガティブな性格は、勉強と経験でポジティブな性格に変えられることがわかっている。ネガティブ型の人は、今日からポジティブに変わる意志を持っていただきたい。

▼豊かな人生にするために使う

よいことを思えばよいことが起こる。悪いことを考えれば悪いことが起こる。引き寄せの法則とも呼ばれる話だが、現実にそうなる確率が高い。

自分をポジティブなプラス発想人間にするには、どんなことについても「感謝する」ことが大切だ。具体的には、1日の中で「ありがとう」という言葉をよりたくさん言うことが重要だ。ありがとうの言葉は人をポジティブにする力を持っている。逆にマイナス発想、悪口、批判、弁解の名人には伸びた人がいないと言っても過言ではない。だから、できるだけ早くマイナス発想や他人の悪口、批判、自己弁護からは卒業したい。またマイナス発想の人の話を否定することもマイナス発想なのでこれもしないほうがよい。批判や悪口さえよいように考えるのが「真のプラス発想」なのだ。

▼社会や仕事で使う

伸びる企業のトップは野心家が多いものだ。野心家とはすなわち、大きな夢を持ち、一足飛びにはムリでも一歩一歩着実に努力すれば無限に成長できると考えている人、そして実行できる人である。彼らは上限の壁などあり得ないと考えて日々努力を続けている。経営者や組織のリーダーはどんなに苦しい場面、どんな事態が起こっても、マイナスの条件を探したりうまくいかないことの言い訳をしたりしない。野心家は、「ピンチはチャンス」と捉えて前向きに立ち向かう。ピンチをチャンスに変えることができる人は、決して失敗の理由を他責にはしないものだ。ピンチも環境の変化と捉えて、その時流にどう対応するか、どうすれば、そういうような時流に乗ることができるかを考える癖づけが重要なのだ。

すなお

素人でも、未経験者でも「すなお」になれば「すなお」でない玄人や経験者よりも効果をあげる。

1人の人間が知っていること、一生で知ることはたかが知れている。成功者とか成功の道を歩み続けている人は勉強好きだが、その勉強好きとなるための条件が「すなお」なのである。

すなおとは人の意見を聞く・教わるということだ。当然、自分の考え方と違う意見や、自分としては明らかに間違っていると思える意見もたくさんある。

しかしそれらも含めて、「そういう考え方もあるのだな」と真正面から受け止めれば、それなりに何かを教えてくれるものなのである。すなおになると、「制約がない」という状態になる。

これが好き、間違っているなどと考えていると、限りない可能性への門を自ら狭めてしまうことになる。どんなに非常識と思えることでも、頭から否定するようなことはしないのが正しい。非常識と思えるようなことでもしっかりと情報を集め、裏づける事実を確認することが重要だ。

▼豊かな人生にするために使う

正しい先見性を持つことは、人生を成功に導くはずだ。未来が見えるようになるからだ。そのためには、手元にある情報を客観的かつ冷静に見つめ、整理することが必要となる。情報を上手に整理するためには、「すなお」さが一番だ。先入観や固定観念を持って物事や情報を見つめると正しい判断ができにくくなる。だから、「すなお」を心がけて目を見開いて生きていると、だんだんと世の中のことがわかってくるし、マクロ(大局的)に考えられるようになってくる。伸びる人に共通する人間性は「謙虚さ」だが、その謙虚さは「すなお」から生まれてくる。なお船井流では、「すなお」は人間の生まれ持った特質やパーソナリティとは考えていない。「素直」は性格であり、性格は意識することによって変えられるはずなので、誰でも今日から「すなお」になれるはずなのだ。

▼社会や仕事で使う

人から話を聞く、教わる。新聞や本を読む。その中には「うそ」も「間違い」もあるだろうが、人間は勉強して頭がよくなり力がついてくると、何が「うそ」で「間違い」かが自然にわかってくる。それらをほじくり出すよりも、成功を目指す以上、前向きに「よいこと」と「できる」ということだけを、教わった中から見つけ出して進めばよいのである。

こう考えていくと、「すなお」に生きて最も得をするには、良い人や前向きな人と濃密につきあうことが得策だということがわかってくる。そういう人たちはプラスの暗示をかけたり、自信をつけさせてくれるはずだ。ケチをつけてばかりの人とは、あまりつきあわないほうがよい。

また、「すなお」でないと世の中の変化に対してもスピーディーに適応できないことが多い。

素頭をよくする

素頭のよい人は、すぐに行動し、答えを出し、行動することができる頭の回転のよい人である。

その人が持っている素の脳みそが素頭だ。具体的には、三つの力を持っている。

・「即断力」（場の空気・雰囲気を読む）

素頭のよい人は、ポイントを外していることに早く気づき、修正することができる。素頭の悪い人は、ポイントを外していることを他人から言われないと気がつかない。

・「即答力」（即時返答力）

素頭のよい人は、自分の直感を信じるし判断力もあるから、何より決断が早い。決断の早さはビジネスにスピード感をつけることができるものである。

・「即行力」（即時実行力）

素頭のよい人は素直にふるまうことができる。また、すぐに行動ができ、動きながら考える習慣がある。

また、素頭のよい人とは、普通の人が見えないものや気づかないことが見えて、切り口、着眼点として出せる人でもある。

▼豊かな人生にするために使う

素頭（すあたま）とは、地頭（じあたま）とも呼ばれ、表層的な知識ではなく、頭の回転の速さ、知識を身につけるときの柔軟性などをいう言葉だ。素頭のよい人は、すぐに判断し、すぐに行動する。さらに、コミュニケーション能力が高く、相手の話を正しく理解し質問上手でもある。よい質問は、話している人からさらに深い考え方とかものの見方などを引き出すことができる。そのため話が発展し、楽しくスムースな会話になりやすく、相手を不快にさせることがない。また、しっかりとしたゴールを頭の中に思い浮かべて動くため、さまざまな変化があっても、正しい判断ができるのである。実は、このような能力は、普段から意識して考えるクセ、物事をよく考えぬいて、それをしっかりと行動に移すクセを身につけるように心がけていれば、磨くことができるものばかりなのだ。

▼社会や仕事で使う

初めて会った相手であっても、気持ちよく2時間程度話をさせることができる人は、素頭がよい人だ。素頭のよい人は、話し相手との間の温度を上げることができる能力を持っていると言える。話し相手に気持ちよく話をさせるためには、場の空気を読むアンテナを立て、相手が興味のある話に自分がついて行く必要がある。相手について行き盛り上げながら、2時間程度話を盛り上げていくためには当然、雑学が必要になる。このような能力のない人は、相手の話にあいづちさえ打てない。話の枕の部分の話題も十分にとれないまま、ぎこちなく本題の話に入らざるを得なくなる。雑学と呼ばれるちょっとした情報は、別に時間をとって勉強するものではなく、常にアンテナを立てて生活をしていれば、勝手に引っかかってきてくれるはずだ。

泥縄主義で目の前のことに取り組む

能力は泥縄で伸びてくる。プロになったら泥縄が一番いい。

泥縄とは、泥棒を捕らえてから縄をなうという意味の言葉である。常に矢面に立ち、いろいろと勉強をし続けるのが最も効率的な学習方法である。

だからこそ、何でこんなことをやらなければならないのだと思うようなことであっても、泥縄式に目の前のいろいろなことをやり続けていれば、オールラウンドマンとして成長していくのである。教育においては、実体験が最上の燃料となる。自分自身が経験したことは、一生涯いつまでも身につき、必要とするときにはその経験が判断材料となり、答えが出てくる。

よく、環境が人を育てると言われる。世界的マラソンランナーは試合前、必ずと言っていいほど高地トレーニングを実施する。高地では低酸素、低圧状態となり、負荷の高いトレーニングが可能となるからだ。このような、成績が落ちて当たり前の環境下でトレーニングすることで、平地のレースでは好成績が期待できるようになるのである。

▼豊かな人生にするために使う

人間は、大きな夢を持って常に成長していかなければならない。そのためには、進歩をストップさせない環境を自らが作ったほうがよい。特に若いうちは、目の前に次から次へと現われる難問や業務に挑み続けるほど、新しい発想や体質改善、継続的な努力が必要となり、自然に力がついていく。目の前に出てくる課題に、泥縄主義的であっても立ち向かい続けていれば、やがて苦労もけっこう楽しいものになってくるから不思議なものだ。自分がそれまでに持っている経験とは違った経験や課題と出会い、それを乗り越えることによって、能力は自然に向上していくのは間違いないし、人生においてそのような環境が周囲にあることはとても得なことだと感謝したい。自分自身が進歩し続け伸び続けていることを実感できるようになると、それはとても楽しいことになる。

▼社会や仕事で使う

社会や仕事では、必ず成果が評価されることになる。同じような仕事をしているようでも成果には大小が発生し、評価も分かれてくる。お客様のニーズにキチンと応えないと成果は上がらないし、お客様のニーズと違ったことばかりに注力していては苦情が発生することになる。お客様の課題や要求は、自分の能力を試している試験のようなものだと割り切ってゲーム感覚で得意先攻略を考えていけば仕事はかなり楽しいものとなる。民間企業、公的機関ともに、より大きな成果を求められる時代となり、個々人は必然的にがんばらざるを得ない状態になってきている。がんばらざるを得ない状況というものは、人間という存在の目的にかなっているため、できるだけ楽しい気持ちと「喜んで」の精神でがんばって、課題解決に挑戦していくのがいいだろう。

ギブアンドギブ

見返りをあまり考えずに、与えることができる人は信用、尊敬され、成功の確率が高まっていく。

ギブアンドギブとは、自分のできる範囲で人によりたくさんの物をあげようということだ。普通の人は損得勘定を考えがちで、ギブアンドテイクを無意識のうちに要求してしまう。

ところが、本音の部分ではできるだけ渡すほうを少なくしたいので、結果的にはテイクアンドテイクを実践してしまうことが案外多い。ギブアンドギブは相当努力しないと実践はできないものなのだ。ところが、運をよくするコツは間違いなくギブアンドギブなのである。

とにかく、人に何かを与えることが自分の運をよいものに変えるのである。ここで人に与えるものは、どんなものでもいい。もちろん。相手がほしいと思っているものならなおさらよい。人はうれしいことをしてくれる人を認めるものであり、そういう人のことは真っ先に褒めてくれる。つまり、見返りをあまり考えずに、与えることができる人は信用、尊敬され、成功の確率が高まっていくのである。

▼豊かな人生にするために使う

人間は、自分が困ったときに助けてくれた人のことはなかなか忘れることができない。

そういう存在の人が普通、1人や2人浮かぶのが人生なのである。人は感謝する心を持っており、人にギブアンドギブの精神で物を与えると不思議なことに、もらった人はいつの日か何らかのお返しをしてくれることになる。逆に、テイクアンドテイクで人と接すると、相手はいつの日か取り返そうと迫るようになる。鏡の法則などと表現されるように、自分がしてほしいことは他人にしてあげることがより正しいのだろう。そして、最もコストがかからず与えて喜んでもらえるものは、笑顔と「ありがとうございます」という感謝の言葉だ。ちょっと意識して、笑顔と感謝の言葉を実行すれば、たくさんの人に喜んでもらえるはずだ。

▼社会や仕事で使う

企業も人間も自分1人だけで生きているのではない。お互いに助け、助けられる関係性の中で初めて生きることができる。とすれば、自らが存立できるのなら、できるだけ他者に与え支払うべきなのである。もちろん、秩序を破るような常識外のペイはいけないが、ペイを少なくすることは、本当は罪悪なのだ。たとえば、経営者は部下である社員の給料をできるだけ少なくしたほうが会社の利益は増える。同様に、得意先から購入した商品の支払いも値切ることができれば、自社の利益は増える。しかし、自分が相手の立場になったときにそれでいいのかとチェックすれば、考えるべき点は多い。できるだけ無理せず、ペイ以上の精神で、相手にギブアンドギブして喜んでもらう気持ちを持つ「与え上手」になることが、社会での成功のポイントとなる。

レター法

できるだけ、もらった人が喜ぶ手紙を書くことがプラス発想のポジティブ人間を作るコツだ。

人に会ったら、まず相手に喜んでもらうためにお礼状を書くことを心がけたい。目標としては1日に5通から10通のお礼状が書けるように訓練してみてほしい。

手紙を書くときには、できるだけ気持ちが伝わるように書くことが重要だ。そういう手紙をもらった人はうれしくなり、あなたのことを気にかけて応援してくれるようになるはずだ。

①すぐに礼状（サンキューレター）を出す
②相手が（ビックリして）喜ぶ様式で出す
③相手が喜ぶ内容で出す

縁の力を引き出してツキを得る効果は絶大だが、意識しないとなかなか実践できるものではない。レター法を実践し、できるだけもらった人が喜ぶ手紙を書くことが、プラス発想のポジティブ人間を作るコツだし、運をよくするコツでもある。意識して続けたいものだ。

▼豊かな人生にするために使う

手紙やハガキを書くことは、それが心のこもったものであるほど、もらった人は心を打たれるものだ。だから、もらった手紙への返事だけではなく、初対面の人で、心に残るヒントを与えてくれた人などには礼状を兼ねて、できるだけハガキや手紙を出すことが重要だ。手紙の効果は自分の向上のためになるし、ファンや友づくりという点でも効果が高い。このレター法を実行するにもコツがあるようだ。そのひとつは、感謝の気持ちやお礼の気持ちをすぐに書くということだ。そのためには、カバンの中にいつもハガキや封筒を入れておく必要がある。出会った人と別れた後に少しの空き時間を使って手紙を書くのである。できれば、会った直後に書いてしまうのがいいだろう。内容は形式ばったものではなく、話をしていたときに感動した気持ちなどを記せばいいだろう。

▼社会や仕事で使う

社会でうまく生きていくためには、人の縁を大切にしていかなければならない。そのためには、①メモをとること、②見送りをすること、③手紙を書くこと、という三つの癖づけが重要だ。そのひとつが、ここでいうレター法なのである。

船井総合研究所の小山政彦社長は、毎年出す年賀状は一枚一枚手書きである。また、お会いした人に出す手紙は和紙を使い水切りしたものを使うことも多いと言っている。和紙の水切りとは、和紙の切りたい部分を水で湿らせた筆でなぞり引っ張ってちぎる方法だが、和紙の繊維が出た状態でちぎれ、とても風情が出る技術なのだ。このように、手紙をもらった人が喜ぶような工夫も大切だ。小山社長は、このような習慣を船井総合研究所の創業者の船井幸雄先生から教えてもらい、若い頃から続けてきたのである。

約束を守る

一度かわした約束は、その厳守のために全力を尽くす必要がある。

約束は守ることが大切である。基本的には、約束は絶対に守る必要があり、特に先約で決まっている約束を簡単に反故にしてしまうことは、厳に慎まなければならない。これはマナー的な発想だけでなく、マーケティング的にも、人生の成功においても重要な条件だ。

実は、企業においても人においても、その成功と成長の条件は、「計画的」であることだとはっきりわかっている。

変化の激しい時代を生き抜くためには、一般の常識では「変幻自在」に対応するのがよいと思われがちだが、実際には、変化の時代になるほど、できるだけ計画的に事業を推進したり、生きていくほうがよいというのが真実なのである。

約束は、ある物事に対してあらかじめ決めたことであり計画なので、可能な限り守ったほうがよいのである。約束を破りがちな人は、計画的に仕事をしたり生きたりすることができない人と言っていいだろう。

▼豊かな人生にするために使う

約束を守れる人、あるいはかなり先のことを意思決定し、それを実行できる人ほど成功者だろうし、今は成功していなくても成功するのは間違いない。なぜなら、その人は計画的に生きられる人だからである。計画的に生きていくためには、「先見性」と「強い体力」と「強い意志」が必要になってくる。小さな約束を守るためにもこの三つの力は必要になるのである。

世の中や人間には変化するものもあるが、根源的に変化しないもの、大きなルールもある。この根源的ルールにしたがって行動できる者ほど計画的だと言えるだろう。そうすることができれば、そこにはムリもムダもムラもないはずだ。したがって成功し、成長する可能性は大きい。

▼社会や仕事で使う

変化に対応できなければ、企業の実質成長率はマイナスになるだろう。次に、変化に対して無計画ではあるが変幻自在、臨機応変に対処できたら、現状維持ができるか少し成長できるだろう。さらに変化を予測し、予測に合わせて自らを計画的に変化させながら対応できると、毎年5~10%ぐらいの実質的成長も可能となる。しかし、最もベストと思えるのは、世の中の変化に対して自らは計画的に、しかも変化しないで対処することなのである。つまり、世の中を追いかけるのではなく、世の中が自分のほうを向くように仕向けていくわけである。自分たちが新しい需要やマーケットを作ったなら、自分たち中心に変化が起こっていくだけなのである。自分たちが、基準の中心になれば強い。

人相をよくする

「運」や「ツキ」は自ら作り切り開いていくものであるのと同様、顔や態度も自ら作るものである。

ツキを作り、業績が向上してくると、その会社の経営者はもとより、社員まで①人相がよくなり、②暖かく明るい人間性に変わり、③肯定的になり、④人を惹きつけるようになり、⑤感謝の気持ちから和やかな雰囲気が生まれてくるようになる。逆に業績が悪いと、人相が悪くなり、否定的になって、冷たい雰囲気にならざるを得ない。

要するに、「ツキ」のあるなしが人相や態度に反映するのである。その意味では、「運」や「ツキ」は自ら作り、切り開いていくものであるのと同様、顔や態度も自ら作るものであるということもわかってくる。

そして、「ツキがよい」「運がよい」という状態は間違いなく伝播する。それは、人相にも伝播してしまうものなのだ。「40歳を過ぎると自分の顔に責任を持て」とリンカーンは言ったという。悪循環を断ち切り、ついている人間の顔は輝いているものなのだ。人相は、人間の努力と無関係ではない。

▼豊かな人生にするために使う

目的があり、その目的に向かって前進中の人の顔は引きしまっている。それが美を生み、よい顔を生む。普通の女性も、結婚をすると結婚前に比べて急速に美しくなるのはそのためだろう。よい人相の人は、会った人をほっとした暖かい気持ちにさせ、喜ばせることができる。そういうよい顔を作ろうと思ったら、よい顔になりたいと、いつも考えることが重要だし、豊かな心を持った人々と重点的につきあうのが最もよい。悪口や批判が耳に入っても心底からニコニコ笑って感謝できるようになろう。なぜなら悪口や批判が入ってこないと人は道をあやまりがちだからだ。だから感謝して対応してみよう。対応策はいたって簡単でまず悪口や批判されないようにしようと考えてみることだ。そのためには努力が必要だし、ひと回り自分が大きくならないといけない。

▼社会や仕事で使う

人間は、「ツキの悪さ」をなかなか自力では断ち切れないもので、業績が落ちる↓自信がなくなる↓否定的になる↓人相が悪くなる↓雰囲気が悪くなる↓客が去っていく↓「ツキ」がますます落ちる↓業績がますます悪化する、という悪循環に陥っていく。この悪循環を断ち切ることができるのは家族、友人、会社の同僚、先生、上司なのだろう。もし、自分の部下をはじめ、仕事で関係ある人たちを育てたい、ついてもらいたいと思ったら、部下がよい顔をしているかをチェックしてみたらよい。部下がよい顔をしていないなら、まず最初に上司である自分自身がよい顔を作る努力をすることが前提条件になるのである。よい顔を作ること、つまり人相をよくすることが、他人を成功させるための基礎技術になるのである。だから、いつも温顔でいられる人は無敵なのだ。

前始末と後始末

前始末と後始末を見れば、その人のレベルは理解できる。

どんな現場でも、仕事は段取り八分で決まると言われる。しっかりした段取り=前始末された仕事は、お客様からも、上司や一緒に仕事をする仲間からも好感が持たれることになる。

前始末とは仕事全体を見すえたマネジメントそのものであり、業務の上手な手順化、標準化の成果である。自分の中で業務の流れが理解できているほど、前始末は上手になるはずだ。

また、仕事の後始末でその人が成功するかどうかがわかると言われる。後始末をきっちりする人ほど成功する人、伸びる人、他人から好かれる人、というのが真実だからだ。人に好かれるためには、相手の立場になって、できるだけ喜んでもらうように尽くすこと、小さなことでもないがしろにしないことが重要なのだ。

そして人間は、前始末や後始末も含めて、仕事を見れば、その人がどんな人でどれぐらいのレベルの人なのかが理解できる、ということを忘れてはならないだろう。

▼豊かな人生にするために使う

小事ができない人は、決して大事ができない。成功する人は、実に小事、細事に行き届いた生活をしているものなのだ。そのように心がけをしている人と一緒にいると、何もかもがスムースに進むし、そういう心がけをしていない人と一緒にいるとさまざまなトラブルや事故が起こりやすい。

欧米では一等席やファーストクラスに乗る人、一流ホテルなどを利用する人はエリートであり、エリートとは人に迷惑をかけないマナーを身につけ後始末のできる人、他人のために貸勘定を与えている人と捉えられている。そういう人は、自分の始末は自分でちゃんとするし、最後は次の人のために散らかさずに綺麗にしておくのが普通である。伸びない人、よく失敗する人、人から好かれない人などは、実に後始末が悪いものだ。

▼社会や仕事で使う

社会や企業は、分業によって効率的に支えられていることが理想的であり、マーケティングで言われるＳＣＭ（サプライチェーン・マネジメント）やバリューチェーンという概念も、その分業を社内だけでなく社外にまで広げて無駄なくつなぐことが重要である、ということを語っている。私たちは、自分1人だけで生きているわけではない。世間のいろいろな人の「お蔭様」で仕事をやらせていただいているのが実態なのだ。ついつい忘れがちだが、自分自身の後始末が次の人の前始末になるので、そういう面から見ると、報告書などの書類は書けばよいというのではなく、読む人の観点で読みやすくまとめられていなければならないはずだ。そのようなクセづけは、普段の生活の中で実践して身につけなければならない。

Training

――練習して行動「できる」よう習得しよう――

7章 できる

よい習慣づけのための10のキーワード

勉強好き

人間は勉強すればするほど素直になり、謙虚になる。新しい知識や経験を得ることが面倒に思えるようになったとき、その人は老いたのである。彼はたぶん、今より退化することはあっても、進歩とか成功とは縁がなくなるだろう。

成功者は全員が全員、「勉強好き」だ。その上、競争社会の中では「知っている」のと「知らない」のは、天と地ほど力に差が出る。勉強とは、新しいことや違ったことや違った考え方を知ることだ。勉強する楽しみを知ったら、他の遊びなど無駄に思えてくる。人間の頭は、使えば使うほどよくなるようになっているので、勉強しないと損だ。勉強とは、人間の一次基本能力「計算力」「暗記力」「記憶力」「表現力」をつけること、二次基本能力の「応用力」「理解力」「独創力」を高めることにつながる。これが身につけば通常、パワー・エリートになれる。さらに、三次基本能力の「判断力」「実行力」「説得力」を身につければ、経営者やリーダーの条件が揃い、成功が近づいてくる。

▼豊かな人生にするために使う

誰にでもできる勉強法は、「メモを取る」ということだ。メモを取り、上手に整理すると確実にアタマがよくなり力がつく。

船井幸雄先生のメモの取り方は、

①学んだこと、教えられたこと
②感じたこと、気づいたこと
③自分がルール化したこと

を分類しながら、ノートに取ることだ。毎日の仕事、生きた現場の中から生まれるメモはアイデアの宝庫となる。自分が体験し腑に落とした生情報はとても貴重なものなのだ。

メモを取らないでいると、直後に起こった突発的な用事や業務で、案外忘れてしまうことが多い。よいことを思いついたということさえ忘れてしまうことがある。だから、すぐにメモを取るクセづけが重要なのだ。

▼社会や仕事で使う

インターネットを開くと、世界中から知識を集めることができる時代になった。そのような時代に求められるのは、「説明はよくわかった。それで、君はどう思うのだ」ということだ。実は、最も重要なことは知識をどう活かして知恵にするか、あなた自身はどういう知恵を持っているのかということなのだ。知恵こそが付加価値であり、今の時代は知恵者が求められているのだ。ほとんどの現代人が1日の中で最も長く費やしている時間は「仕事時間」であるはずだ。そこで、「仕事」を通じて感じたことをメモし、そこから、ルール化していくことができればとても効率的だ。つまり、時間があるときにメモの情報をもとに自分で、「なぜなんだろう」「どうしてなんだろう」と考えれば、毎日が頭の体操になって自己成長が早まるのだ。

働きグセ

世の中で伸びている会社のサラリーマンほどよく働き、よく勉強している。

世の中で伸びている会社を観察してみればすぐにわかることだが、儲けて伸びている会社のサラリーマンほどよく働き、よく勉強している。

遅寝遅起の習慣を身につけたままで、ろくに勉強もせずに、ごく普通の大学生活を送ってきた人たちも、会社に入社したとたん、一変して働き人間に変わる。そして、彼らは決まって「こういう生活のほうが充実していて楽しいです」と言う。

では、どうしてそれほど働くのだろうか。その理由は、①大企業、伸びている企業で働いているというプライドがあるから　②社風として働かざるを得ない雰囲気があるから　③働く者と働かない者、がんばる者とがんばらない者とでは、10～20年たつうちに、大きな差が生じることをわかっているから、というものだろう。

中小企業の場合は、まず①のプライドを持てないと感じる人が多いので、この部分の工夫が必要だろう。

▼豊かな人生にするために使う

好きなことをやるのだったら、何でもその道のプロにならないと自己実現はできないものだ。だから、仕事は趣味と一致させたほうがよい。プロの条件は、楽しく効率的に、そのことについてすべての人を満足させ、自分も満足できることだ。そして、前提としてまずは仕事が好きで好きで、こんなに楽しいことはない、と言える人になることが重要だ。このような「働くことの意味」は現在の学校教育やマスコミが教えてくれるものではない。それはただ、企業の中でのみ可能なものなのだ。人間は投機などよりも、実業で汗水たらして働くことが重要だ。なぜなら、投機などのゼロサムの競争をしている世界では、儲かっても結局は人が育たないことが多いからだ。それに対して、実業の世界で、仕事を通じて事をなした人の中には偉人がとても多い。

▼社会や仕事で使う

上司は部下に対して、仕事が趣味になるような仕事の与え方をし、育て方をしなければならない。仕事が趣味になるとは、言葉を換えると、仕事は楽しんでやらなければならないということだ。仕事には苦しいこともあり、悩みに数多くぶつかることも事実だが、だからと言って、歯を食いしばって辛抱するだけでなく、それをも含めて楽しめたときに、初めて自分の本当の力が出ることになる。そして仕事を楽しみ、仕事を趣味にしていくことが、自己実現への一番の近道なのだ。若い人たちに対してこのようなことを教え、仕事が趣味になるような与え方をするのが上司の役目となる。その前に、上司である自分自身についても、これが身につき、仕事が趣味になっているかどうかを、もう一度確認しておく必要があるのかもしれない。

儲けグセ

儲けグセが経営と商売の基本だ。したがって、まず儲けグセをつけることに全力投球しよう。

いろいろな会社や店とつきあってきて、わかることがある。儲けグセのない会社や店にいた人は、独立して自分の店を持っても、やはり儲けグセがついていないから、儲けられない。また儲けグセを忘れた企業が、儲けようと思って新規分野に進出しても、まず90％以上は儲からない。

逆に儲けグセのあるところにいた人、儲けグセのついている企業などは、どんなことをしても儲ける。これまた不思議だが事実である。

一般に儲けグセのない会社や店にいる人々は、①自信がない、②他人任せである＝いわゆるサラリーマン的である、③行動的でない、④理屈っぽい、⑤本業に全力投球しない（本業以外の趣味やレジャーに逃げる）といった特性を持っている。

これらの人々は、経営とか商売の面から見ると、まったく「ツキのない人々」である。成功したいなら、まず歯を食いしばっても、現状で「儲けグセ」をつけるべく努めなければならない。

▼豊かな人生にするために使う

儲けグセがない段階で、今の仕事がうまくいかないからといって、新しいことに取り組んでみても失敗する可能性が高い。まず、今の仕事に感謝し、儲けグセをつけることが重要だ。自分の力で儲けグセをつけることがむずかしかったら、超儲けグセのあるところに、しばらくでも勤めてみることだ。そして、あなた自身に儲けグセがついてから、新しいことをやればよい。

つまり儲けるコツは、名人、第一人者とつきあうことなのである。実績と権威のあるこれらの人の言は、まず信じることができる。信じるということは自信につながり、すばらしい暗示効果を発揮するものだ。また、成功者の伝記などを読むのもひとつの方法だ。それらはおおいに発奮させてくれ、転機を作り出すものだ。

▼社会や仕事で使う

すべての仕事において、経営成果を出すことが要求される時代になった。日本国内では最低給とか生活給の考え方は将来も残っていくとしても、労働費は付加価値を配分する中で勝ち取る必要があるものになってきている。

つまり自ら儲けて、自ら持って帰る発想が求められているのだ。個々人の給与計算も、付加価値に対して労働費を何パーセントにするというように考えなければならないのが普通になってきている。その場合、組織全体の付加価値をどう増加させるかを考えなければ自分の給与も増えない、というような流れとなる。だから、仕事の中で原価や経費に対する意識をしっかりと持ち、無駄なこと、非効率なことはしない、させないクセをつけることが大切だ。

節約グセ

業績のよい会社の経営者ほど、節約グセのある会社の人に仕事を依頼する。

経営者とサラリーマンの大きな違いに、節約グセがあるかどうかがある。成功する経営者には、①勉強グセ、②働きグセ、③儲けグセとあわせて、④節約グセが身についている。そして、業績のよい会社の経営者ほど、節約グセのある会社の人に仕事を依頼する。特に、重要な仕事は節約グセのある人に任せるのが普通である。

節約グセがついていない並の人の一般的な姿は以下のようなものだ。

①どうでもいいことに時間つぶしをする
②会社の経費や時間を無駄に使う
③命令されたことを中心に仕事をし、その仕事には生きがいを求めずサラリーをもらう

以上が、並の人の特徴だ。上記の条件の逆の行動をする人が経営者意識がついた儲けグセのある人だと定義できるのである。

▼豊かな人生にするために使う

最近は、物が売れず消費が盛り上がらないむずかしい時代になってきているが、携帯電話の利用などは他の消費を削っても残したいものだろう。まさに、携帯電話がなければ生きていけないようなムードさえある時代だ。携帯電話は、コミュニケーションツールと考えるのが普通の考え方だが、見方を変えれば、究極の時間の無駄取りツールであるのは間違いない。食事の合間に携帯電話で連絡をとり、商談の確認をしたり、歩きながら仕事の指示を出したりすることで、隙間時間の活用と同時処理能力をやすやすと高めてくれる。だからこそ、携帯電話の活用は最近のビジネスマンの必須能力となってきているわけだ。ところが、いくら携帯で時間の無駄取りをしても自分自身に節約グセがついていなければ、生まれた時間は遊びと余暇に使われてしまうだけだ。

▼社会や仕事で使う

企業間競争が激しい昨今は、経営にはローコスト意識が強く求められている。ところが、すべての支出項目を削れるだけ削ってローコスト化しようとすることは正しいとは言えない。削るべきところは削り、残すところは残す、いやコストをかけるところにはかけるという、メリハリ発想が大切なのだ。では、どういったコストを削り、どういうところにコストをかければよいのか。それは「お客に見えるところではハイコスト。お客に見えないバックヤードでは徹底的なローコストな経営」という基準で考えることだ。お客様は常に、「お値打ちな買い物や仕入れ、そしてその環境」を求めるのが普通だから、お客様の目に見える部分のコストを削って質的低下をもたらせば、必ずやお客様の離反につながっていくからだ。できるだけ、お客様には得を体感させなければならない。

いつも現場主義

すべての答は現場にある。すべての答は現場にしかない。

企業経営におけるあらゆる問題点の原因と結果は、すべて現場に集約され露呈する。だから、一般の人が見てわからなくても、プロが現場を見れば優秀な会社か、課題が多く残っている会社かはすぐにわかる。

「すべての答は現場にある」「すべての答は現場にしかない」という考えに基づいて仕事を進めるクセづけができている会社は成長が止まらないし、組織内の問題解決能力が低下しない。

たとえば、小売店からコンサルティングを依頼されたら、①まず店へ飛んでいく。店を見れば、ここには社長や店長の顔がそのまま現われるものなので、仕事の上でつきあえる店かどうかが即座にわかる。②仕事のやり方も、最も早く店の成績を上げるためにはどうするか、に焦点をしぼることができる。

しかも、なるべく経費をかけないで成績を上げるのがよい。この徹底が業績向上のコツなのである。

▼豊かな人生にするために使う

現場主義とは、「迷ったら現場に行け」「迷ったら現場に聞け」ということだ。時間を見つけて現場で自分の五感と直感で物事を判断する訓練を心がけておくことが重要だ。もちろん、できれば現場ではよい物をたくさん見るクセと意識を持つことが重要だ。そして、その事実の中から本質を見つけて検証し、ルール化していく中で直観力を身につけていけばよいわけだ。多くの現場を見続けていくと、だんだんと何が大切か、どうすれば成功できるのか、ということがわかってくるだろう。また、現場が売上げも利益も稼いでくれるのだから、現場が、最も働きやすいように、あらゆる他のものが応援することが重要だ。企業の多くは、現場の意気が上がり現場の業績が上がってくると、問題点はたいていの場合、自然的に解消するものである。

▼社会や仕事で使う

管理職やリーダーになると、現場に出る時間や機会は徐々に減少してくる。なぜなら、マネージメントに時間を割く必要があるからだ。またベテランになると、かなり自分自身が意識しない限りは徐々に活動量が落ちてくる。活動量自体が落ちても、経験でカバーができるので成績は維持できるものだ。ところが、現場に出る回数が少なくなると現場感、現場情報量は確実に減ってくる。つまり、人の上に立つようになったら自分の部下や後輩に自分の目や耳となって耳寄りなお役立ち情報や競合他社の動き、お客様の変化などを報告してもらう仕組みづくりが重要となる。特に、大切な情報が現場での最新の成功事例であり、これらの情報を社内でベストプラクティスとして共有することが重要である。

物事にはコツがある

人間にとって一番重要なことは、「原則に合った正しいコツをたくさん知って、それを実行し、人にも教え、人のために活かす」ことだ。

人間にとって一番重要なことは、「原則に合った正しいコツをたくさん知って、それを実行し、人にも教え、人のために活かす」ことだ。それが上手に生きる生き方のポイントだろうし、人を活かす方法でもあるはずだ。そこで、正しいコツとは何かを考えてみよう。

正しいコツは単純・明快だから誰にでもわかりやすいものだ。しかも、実践しやすく、卓効がありありなのだ。正しくないコツというものは、これとは反対に複雑怪奇でわかりにくく、実践しにくい。

また、効果があっても万能ではなく限られているのである。正しいコツを実践するほど、ツキが出てきて明るくなり、人相もよくなるはずだ。

何事をやるにも、効率が悪いより効率よく運んだほうがよい。だからこそ、正しいコツを数多く学んで実行したいものだ。そして、できるだけ効率よく人間性を向上させることを目指すことだ。

▼豊かな人生にするために使う

「ツク」ためには、ツキのいいもの、ついている人、ついている会社とつきあうのが業績向上のコツである。だが、自分に「ツキ」がない場合、そういう外部のものとは、同類ではないからつきあいにくい。そういうときには、外部のものとのつきあいは後回しにして、まず第一に、自分の中の「ついている」ものとつきあうことにする。どんなに全体の業績が悪くても、なかには伸びている部門があるはずだし、伸びているもの、効率のいいもの、好きなもの、得意で自信のあるものなどが必ずあるはずだ。そういう、自分の周辺にあるもので「ついているもの」を徹底的に伸ばすのである。そして、いったんついたなら、今度はそのツキを落とさないようにすることが重要だ。こういうようなことも、生きて行くうえで役に立つ重要なコツのひとつだ。

▼社会や仕事で使う

男性社員に1人ずつ1000枚の切手を渡し、封筒に貼るように命令をする。普通は80分〜120分かかる。次に数人の女性に、今度は競争して早くきれいに貼ってもらう。これは先に1人で貼って80分〜120分もかかった男性に見せる。彼女たちは競争し、早い人では20分、遅い人でも50分ぐらいで貼り終わる。そこで今度は、80分〜120分かかった男性と女性グループ中最も遅かった女性に、もう一度貼ってもらう。ただ今度は、一番早く上手に貼った20分の人のマネをさせるのである。そうすると、その男性は大体25〜35分で貼り終わるし、50分かかった女性も35分くらいで貼りおわる。このように、長所を見つけてさらに伸ばす意識を持てば、コツを身につけ、実行できるようになる。まず、身近なことで役立つコツを身につけよう。

5分前の精神

5分前に準備を完了しておけば、無駄なく、余裕たっぷりに最善の力を発揮できる。

5分前の精神とは、日本海軍が行なっていた三つの躾の話だ。

一、5分前の精神

日本海軍では、すべて5分前に準備を完了しておくのが、ひとつの掟だったとか。無駄なく、余裕たっぷりに最善の力を発揮する方法としては、すばらしい手法だと思える。

二、宜候（ようそろ）の精神

いったん決めたら、目標めがけて真っすぐにというのが宜候の精神だが、信じることの大事さ。舵取りの大事さを、このことは見事に示している。

二、出船の精神

帰港したときに、どんなに上陸したいと心が急いでも、船の方向を変え、すぐに出港できるように準備をしてからでないと、他のことをしないという人生訓である。

＊船井幸雄は、元防衛大学教授だった上村嵐さんから教えていただいている。

▼豊かな人生にするために使う

時間を守るということは、社会生活においては超基本的なマナーであり、よい習慣である。その姿勢を身につけるときに、「5分前の精神」を意識することはとても有効だ。とはいえ、会議などの集合時間や開始時間に対しては、必ず5分前には現場に到着し待機していることが大切ということは基本中の基本と頭ではわかっていても、常に実践しきることはむずかしい。特に、現代は時間に追われ、忙しく時間に追い回される生活を子供から大人まで送っている。そのため、ちょっと気を緩めると前の仕事が超過してしまい、時間に間に合わなくなるからだ。ただ社会やビジネスは人と人とのつながりでできている。時間を守るというような基本中の基本が疎かになっている人には、大きな仕事がなかなか回ってこない。そういう人は何事も上達が遅れ、プロにもなれないだろう。

▼社会や仕事で使う

ビジネスの世界で成功するのに最も大切なことは、あの会社なら、あの商品なら、あの人なら大丈夫というような「信用」を勝ち取ることだ。その信用の第一は時間厳守であること。約束の時間に遅れる人には信用がつくことはない。5分前の精神は、時間に余裕をもって物事に対処しようということだ。しかし、出船の精神にあるように、いつ何が起こるかわからないので、すぐに行動できるようにいつも準備を整えておこうという考え方もとても重要だ。

また宜候の精神にあるように、先輩や上司から何か指示・命令を受けたときには、まず素直にそのとおりだと思って受け入れ、実践してみることも重要だ。その習慣を「宜しく候（よろしくそうろう）」という返事の仕方から徹底的に教え、躾として定着させていたわけだ。

謎のX君

物事に積極的な人は、必ず前列に座る。

やる気のある人材を見つける簡便な方法がある。それは、会議やミーティングで座席が自由に選べるときに、本人がどこに着席するかを見ていればいいのである。

物事に積極的な人は、必ず前列に座る。彼らは勉強しようという目的や意欲がハッキリしているため、迷いなくそういう動きをする。彼らは仕事面においても、改革役として振る舞う確率が高いはずだ。

ところが能力的に見ると、実は前列に座っている人よりも、実はもっと優秀な人材が、その他大勢の後ろの固まっている中にいるものなのだ。

ところが、そういう存在の謎のX君は、それが誰だかはわからない。経営者としては、その他大勢の中から優秀なX君を探すより、前方の積極人間をここ一番の仕事に採用するほうが、成功確率が高くリスクも少なくなる。こういうことも、経営の知恵であり、労務管理の基本となる。現実の仕事でも能力以上にやる気が成功を呼び込むものなのだ。

▼豊かな人生にするために使う

人生には好むと好まざるとにかかわらず、競争が存在するので、その競争に打ち勝ち生き残るには、常に積極的な思考と行動を取ることが望ましい。発言する権利があるのにひと言も発言せずに終わってしまう会議、自由に参加できる勉強会や交流会などに遠慮して参加しないのは、客観的に損であることは誰でもわかるだろう。しかし、悩み事や心配、引け目があるときにはそういう機会を積極的に活かすことがむずかしくなる。

ところが、そういう思考と行動を続けているとますます積極的な活動ができなくなって悪循環となってしまう。だから、できるだけ勇気を持って、まずは積極的に動くことからはじめてみてほしい。低成長の時代ほど、積極志向、強気でないと前に進めないものだ。普段の何気ない行動から「一歩前へ」の精神で動くことが成功への近道となるのだ。

▼社会や仕事で使う

照れ屋の性分が強いのか、日本人は放置していると後方で顔見知り同士が固まって集まる。また、あまりよく知らない人が集まる場合には、周囲に空席が多いところを探して人と離れて座る。まず、先に座っている人の隣に詰めて座る人はいない。電車の場合でも、まず長座席の場合は端から埋まっていくし、ボックスシートの4人がけに1人ずつバラバラに座っていく。ところが、これは後から来る人にとってはとても都合が悪い。普通、セミナーや会議では参加人数に合わせて会場が手配されているため、後から遅れてきた人が着席するのがむずかしくなるからだ。こういう場合は、「席は自由になっていますが、できるだけ前のほうから詰めてお座りください」とアナウンスしたらスムースに進む。できれば、着席まで案内する係がいれば効率的だ。

ついているものとつきあう

ついているものや人とつきあうと自分もつくようになる。

業績が向上し、調子に乗り、自信がついた、いわゆる「ついている」状態にするためには、ついている人・物・会社などとつきあわなければならない。ついているものとつきあうと、ほぼ間違いなく自分もつくようになってくるからだ。「類は友を呼ぶ」という言葉があり、また、「朱に交われば赤くなる」という諺もあるが、「ついているものとつきあうとつくようになる。人間の意識の中には、「切ない思い」が潜在している。「私もツキたい」「私もこの人のようになりたい」「私もこのような商品を扱いたい」――そういう思いが、ついているものとつきあうことによって顕在化されていくのである。商売の神様の名をほしいままにした松下幸之助さんは「ついている人とつきあい儲けよう」と言っていたという。人間はつきあう人によって大いに影響されるから、「ツキの悪い人とつきあうな」とよく言われるのである。

▼豊かな人生にするために使う

ついている人とつきあうとツキが自分にも回ってくるものだし、ついていない人とつきあうと、自分のツキも徐々に落ちていく。だから、極力意識してついている人との縁を大切にするという視点を持つことが重要だ。心と体が健康でプラス発想だと、ついている人とつきあうことはそんなにむずかしいことではない。

ところが、心と体が健康でない状態のときについている人を見ると、嫉妬心や恨みが頭をもたげてきて、否定的に捉えてしまいがちになる。そして、人の失敗や苦労を見ると逆に安心してしまうようになる。

ところが、このような生き方では人生は絶対に豊かにはならない。できるだけ、他人の成功や成長を素直な心で祝福しよう。それが自分自身を成功させる早道と考えるべきなのだ。

▼社会や仕事で使う

まず、社会や社内で、とてもうまくいっている人や会社に積極的に眼を向けるように努力することが大切だ。そうしていると、どうしてもついている人の成功法そのものを知りたくなるのが普通だが、忘れてはならないことは、そういった手段や手法以上についている人や会社の考え方や姿勢を学ぶことのほうが重要ということだ。なぜなら、成功する人や企業は、成功する考え方が習慣になっているからだ。だからこそ、今現実に成功している人や企業と少しでも早くつきあい、その部分を学ぶことが重要となるわけだ。そういうチャンスがあれば、その環境に感謝して積極的に飛び込むことが重要だ。そうすれば、徐々にその人や企業が成功しているコツが体に染み渡っていく。よい環境はよい発想を生み、よい成果を生み出す源泉となることを覚えておいてほしい。

水五訓

洋々として大海を満たし、発しては雲となり、雨と変じ、凍っては玲瓏たる氷雪と化す。しかしその性を失わざるは水なり。

水五訓とは、船井幸雄先生が失敗ばかり続けていた時代に、失意のどん底にあって、精神的なショックから這い出そうと、ある禅寺を訪ねたとき、その寺で「水を師としなさい」と教えられたものだ。

①自ら活動して他を動かすは水なり。
②障害に遭いて激し、その勢力を百倍にするは水なり。
③常に己れの進路を求めてやまざるは水なり。
④自ら潔うして他の汚濁を洗い、しかも清濁併せ容るるは水なり。
⑤洋々として大海を満たし、発しては雲となり、雨と変じ、凍っては玲瓏（れいろう）たる氷雪と化す。しかしその性を失わざるは水なり。

失敗の経験から自分がダメ人間であるという劣等感と心からすなおな気持ちになれなかった船井幸雄先生も禅寺で諭されて、この「水五訓」で目が覚めた。

▼豊かな人生にするために使う

東洋人は本来、自然に溶け込んでいくのがベストだと知っている。ところが、最近の日本人は普段の生活で自然を意識する機会が少なくなり、自然に感謝することも、自然から学ぶ機会も少なくなってしまった。

しかし、そういう自然の中で太古の昔から苦しみ、悩み、考え、生きる意味の答を悟ってきた先人の多くも自然を師としたほうがよいという考え方に到達したようだ。水五訓は万物に恩恵を与えながらも何も自己主張せず、人の嫌がるような低い所に流れていくという水の特性を、人生に投影させて作られたい人生訓だ。すべての人間は自己責任で考えることができ、判断できる存在だ。判断材料は、常にこの「水五訓」のように自然の理に反しないものでなければならないだろう。

▼社会や仕事で使う

船井流経営法とは、「水五訓」の①で語られているように「攻めの商法・強気の商法」である。そして②で語られているように、相手があればあるほど強くなる「競争に勝つ・競争に飲み込まれない商法」でもある。そして③で語られているように「積極的に生成発展を目指す商法」で動型である。そして④で語られているように、何よりも包み込みをベストと考えており、⑤で語られているように本質を追求しながら、常に変化して成長を目指すものなのである。

つまり、船井流も自然そのものを追及する経営法であるということになるのだろう。今、世界、そして地球環境もかつて経験したことがないほどのスピードで大きな変化を迎えている。このような時代こそ、「水」になった気持ちであるべき姿を考えることが必要なのだろう。

Training

——練習して行動「できる」よう習得しよう——

8章 できる

人を動かし人を育てる10のキーワード

人財になる・人財を作る

能力のある人が一所懸命やる気になったら、その人は人財になる。

人は、その能力と育て方によって、①人財、②人材、③人罪のいずれかになるという。すなわち、能力のある人を一所懸命鍛えたら、あるいは能力のある人が一所懸命やる気になったら、その人は人財になる。また、能力のない人を一所懸命鍛えたら、あるいは能力のない人が一所懸命やる気になったら、その人は人材になる。だが、能力のあるなしにかかわらず、その人間を鍛えなかったら、あるいは本人にやる気がなかったら、その人は人罪になるという考え方だ。

非常時には、全社員がたくましく鍛えられ、人財もしくは人材にならなければ会社は発展することはできない。社員全員を個人の好き嫌いなどの枝葉末節とは無縁でも十分生きられるような、非常時に強いたくましい人間に育てるという視点は重要だ。

ただ、突き詰めると社員は「育てる」ものではなく、「育つ」ものだ。だからこそ企業は、彼自らが育つ環境を用意しなければならないのだ。

▼豊かな人生にするために使う

人財とは、言葉を変えれば自信を持っている人、そして人一倍気がつく人である。そして自信をつけようと思えば、学校でも職場でも自信がつくまで勉強をすることが重要だ。そこまで勉強するとプラス暗示にかかり、やる気になり、楽観的になり、包み込み人間になり、他人の悪口や批判を言わないし、あるいは自己弁護をしない好かれる人間になり、強気で積極的な人間になり、結局つく人間になれる。勉強というものは、自信の持てるところまでやりきって、はじめてその目的を達することができるものなのだ。人一倍気がつくだけだと細かなことまで全部が気になってしまうので要注意だ。そういうことが気にならなくなるためには、楽観主義や即決主義を身につけることも重要だ。気がつかなければならないが、気にしない力を持つことも重要なのだ。

▼社会や仕事で使う

企業のすべては人財で決まると言われる。人財が金を生み、また人財を生む。そうすれば、人の教育、訓練、人間性づくりこそ、企業活動の中では最も大切な業務であるはずだ。だからこそ、「忙しくて人の教育どころではない」という発想は間違いだと気づくべきなのだ。そして、社長の仕事の中でも、最も大切な仕事はよい人の採用であると考えるべきだ。リクルーティングを軽視する会社は、どう考えても大きな成長ができないだろう。また、採用の時点で最も大切なことは、自社と相性の合う人、つまり、体質や風土に合う人を選ぶことが重要だ。相性がよいと仕事が楽しくて仕方がない環境ができ、時間を忘れて仕事に打ち込むことができるようになる。また、入社後の教育もコストではなく、未来に向けての投資と捉えることも重要だ。

生成発展

昨日よりも今日、今日よりも明日のほうが、間違いなくよくなるに違いない。

世の中は、常に生成発展するものだ。現状維持や現状凍結は実は不可能に近い。なぜなら、世の中は常に変化、つまり変わっていくからだ。

そのような変化の中で、昨日よりも今日、今日よりも明日のほうがよいはずだ、間違いなくよくなるに違いないという発想を持つことが重要である。いわゆる世の中は、生成しながら発展しているという思想を持つのが正しい、と考えるべきなのである。

生成発展を続ける個々の中身は、サイクルの繰り返しと組み合わせによる循環性のものであり、一直線ではない、スパイラル型の善循環の流れである。それはプラスへのベクトルであり、より人間性に合ったマクロの善に向かって進んでいると捉えるべきだろう。

また、生成発展の過程で「常識はやがて非常識化され、非常識がやがて常識化される」というようなことも起こってくる。しかし、それは確実にひとつの方向に進んでいるのである。

▼豊かな人生にするために使う

たえず大きくなろうと努力し、人間性を高めて貫禄に挑戦しようとすることは人生において非常に重要なことである。人は、知っている人に出会ったとき普通、必ず前に会ったときのことを思い出す。そして、時の経過とともに「その人の変化」に気がつくものである。だから、人間全体として成長した人と会うと「大きくなったな」と感じようになるものだし、老化した人に会うと「小さくなったな」と感じてしまう。

誰でも「大きくなった」人と会うことは教わることも多いし、自分自身の励みにもなる。逆に、「小さくなったな、老化したな」と感じる人に会うことは戒めになる。人は、知っている人が以前と比較して昔話や自慢話を長々とするようになったときや、批判・欠点の指摘、あるいは不平不満の話が多くなったとき、その人が小さいと感じるものだ。

▼社会や仕事で使う

人間として生まれても、若年期はまだ経験も浅いし、世の中の仕組みもわからないから、教えられることをもとに、見よう見まねでただ「ガムシャラに」生きていくしかない。それが30、40歳と年をとり、経験や知識が増えるにしたがい人生観もでき上がり、社会観、宇宙観なども確固としてくる。それにしたがって、どんな人でも哲学なり思想なりができてくるようである。なぜなら哲学や思想は、基本方針のようなものであり、これがないと、自分でも生き方の方向、努力方向がわからなくなるし、社会生活を営んでいく上で、他人からも信頼されないし、上手につきあってもらえないからである。この哲学や思想は、生涯をかけて理想に近づけるものであり、たとえ70歳や80歳になっても、理想に向けて生成発展し続けるものというのが正しいだろう。

1対1・6対1・6の2乗

嫌々やると1、納得してやると1.6、納得し参加したときに1.6^2と成果は変わる

人には、不思議なエネルギーがいろいろある。そのひとつが、プラス発想で仕事に取り組むと、必然的に「やる気」が出てくるというものだ。「やる気」があり、「必死」になると、普通他人が想像できないことでもやりとげてしまう。

だからこそ、企業経営にどうしても必要なものは従業員の「やる気」なのだ。「やる気」と「仕事の効果」を表わしたものが、「1対1.6対1.6^2の原則」だ。普通、他人から命じられて嫌々やると1しかできないことが、他人から命じられても納得してやったときは1.6くらいの成果が出る。しかし、もしその仕事の計画に自分自身が参加して、納得してやったときには、強制されたときに比べて1.6^2（2・56倍）ぐらいできるのだ。

言い換えると、人はやる気にさえなれば、嫌々やる何倍ものことができるようになる、ということだ。この経験則からわかることは、従業員が自分から進んで仕事をしたくなる仕事環境を作るのが重要ということだ。

▼豊かな人生にするために使う

予算の作成などにおいて、前年実績をベースに自動的にアップさせて作成し、トップダウン方式で一方的に組織の下に落とすのは、最もまずい方法と言える。これでは、担当者の不平不満のもとになり、やる気を損なうことも甚だしくなる。このような予算の作成においても、「1対1.6対1.6^2の原則」を利用して、現場を中心に意見を求め、やる気を引き出す視点を持つことが重要だ。

つまり、できるだけボトムアップ方式を取り入れ、現場にいったん作成させるようにするのだ。その上で、現場で作成された予算案をベースに会社の目標としたい数字とのすり合わせを十分に行ない、現場が納得するような形で決定していけばよいだろう。また、人がやる気を起こすのは相性のいい物心両面の利害の一致するグループで、お互いに助け合いながら仕事をするときだ。

▼社会や仕事で使う

人事・組織戦略は、単純、明快に割り切れるものではない。そこで重要なことは、人を使おうと思うのではなく、人に喜んで働いてもらおうと考えるべきなのだ。人間にとって、最も大事なのは自分自身である。これは、どんな人にとっても同様だろう。今日入社したばかりの女子社員にとっても、彼女にとっては彼女以上に大事なものはない。そして自分の次には、自分に近いものが大事になるのである。その意味では、人材の活用戦略は、すべての人が自分と同様自分の属する組織体が大事なものになるように、方法を考えることなのである。できれば、会社そのものや会社の優れた職場環境を愛し、誇りを持って働けるようにしていくことが重要だ。また、やる気と競争が能率を上げ、優秀な人の真似をすると、さらに効率がよくなることも知っておきたい。

262の法則

組織は、「優秀な人材2、普通の人材6、劣等の人材2」という割合で構成されている。

「パレートの法則」という有名な法則がある。これは、「全体の8割の数値は2割の要素が生み出す」という有名な法則だ。これを組織に当てはめると、「会社の利益の8割は、2割の優秀な人材が生む」、つまり「会社の人材の2割は優秀だが、8割は普通であり、利益の8割は優秀な2割の人材が生み出している」というような話になる。

逆に言えば、「会社に起こる悪い要素は、劣った社員2割が生み出したものだ」というようにも言えるだろう。

つまり、上から見た2割、下から見た2割という細分化した見方であり、「優秀な人材2、普通の人材6、劣等の人材2」という割合で組織は構成されている、ということだ。これは2割の人が、率先してリーダーシップを発揮し組織を引っ張り、6割の人が、そのリーダーシップに引っ張られて働くものの、残りの2割の人は、動かずにサボっている状態を指す。

▼豊かな人生にするために使う

プロスポーツの世界では、巨額のお金を賭けて、ドリームチームと呼ばれるスタープレーヤー中心のチームを作ったりする。この場合、事前の予想に反して、ズバ抜けて強いチームができることは少ない。誰かが思わぬ不振に陥り、普通のチームよりはよいとはいえ、断トツの戦力でシーズンを乗り切るチームとはならない。逆に、スタープレイヤーが抜かれたチームでは、残ったメンバーの中に「262の法則」が働き、次のスタープレイヤーが出てくる。面白い使い方としては、会議で発言しない人たちに発言させるためには、そんな人ばかりを集めて会議をするという方法がある。そうすると、無口な人ばかり集めたといっても、それなりに口を開きはじめる人が出るのである。このように、人は自分がいる集団の状況にあわせて、さまざまな役割を演じることになる。

▼社会や仕事で使う

組織では、常に従業員の退社が問題になる。経営者が、素行が悪いが成績が優秀な従業員に辞められないように気を遣っているようなケースもよく見受ける。ところが、そのような社員が仮に辞めても、予想ほど大きな打撃を受けないのが普通である。

と言うのは、優秀な従業員が辞めても、残された人材の中から、新しく優秀な人材が浮上してくるため、会社がたちまち崩壊するようなことはほとんど起こらないのだ。逆に、成績が悪いからといって成績の悪い下から2割の従業員を全員辞めさせたとしても、残されたメンバーの中で再び「262の法則」が働き、「仕事をしない社員」が現われてしまうはずである。全体をうまく統制する答えは、下の2割のできの悪い人に関しては、なるべくそっとしておくことなのだ。

親身法

つきあう人、つきあう物すべてに親身に接しなさい。

人間は、一般的には他人の成功を喜べず、他人の不幸も、どこか心から悲しめないものである。しかし、心から他人の幸せを喜び、不幸せを悲しめる仲間が存在する。それは家族であり、言い換えれば物心両面が完全に一致するグループである。だから、ビジネスをスタートさせたときには、会社の中で、まず家族的雰囲気づくりからスタートするのがいいだろう。人とのつきあいに関しても、常に愛情と感謝の気持ちを持って親身に接することを基本としたいものだ。

お客様が会社に来社されたときには、相手が見えなくなるまでお客様をお見送りしたいし、駅や空港まで送っていただいたときなどには、必ずお客様が視界から消えるまで笑顔でお見送りをしたい。

こういうことは、家族であれば当然のことのはずだ。だから、他人から相談を受けたときにも、家族からの相談と同様に受け止め、親身な気持ちで相談に乗れば、人間関係はうまくいくものだ。

▼豊かな人生にするために使う

お金でも人でも、情報でも、それらは強い愛情を持ち、大事にしてくれる人のところに集まってくる。これが世の中の真理のようだ。だから、お金を大事にすると、お金が集まってきて金持ちになれるし、お客様を大事にすれば、お客様が集まってきて商売が繁盛する。このことは、「大事にすると物は長持ちする」というルールとも通じる。だから身体を大事にすれば、それだけ長生きできるし、物を大事にすれば、電気製品でも自動車でも万年筆でも、それだけ寿命が伸びるのは、言うまでもないことである。以上のようなルールを「愛情の原則」と言い、「カガミの原則」の応用と言ってもいいだろう。「カガミの原則」とは、相手に対するこちらの気持ちや行為が、あたかも鏡に映るように、相手からもこちらに返ってくるという原則のことだ。

▼社会や仕事で使う

相性のいい者同士がひとつのグループで仕事をすると、その仕事は間違いなく興味と一致することとなる。そこではメンバーの独立と参加が上手にかみ合うはずなので、おそるべき効率を発揮する。また、相性と非常によく似た効果を示すものが他にもある。それは、物心両面の利害の一致している人たちの人間関係である。家族、小さな会社、非公式組織などのでき方を調べていくと面白い。人間関係には、商売や取引のように「物だけの利害一致」、夫婦のように「物心両面の利害一致」、師弟関係のように「心だけの利害一致」と発生過程において三つのタイプに大きく分けられる。この三つのタイプの中では、「物心両面の利害一致」が最も強い結合を示し、次いで、「心だけの利害一致」となり、最も結合力が弱いのが「物だけの利害一致」ということになる。

アイメッセージ

相手に行動を変えてもらいたいときには、アイメッセージの話し方が適している。

アメリカのトマス・ゴードン博士が開発した「親業プログラム」の中で提唱したコミュニケーションの方法に、「アイメッセージ（私メッセージ）」がある。これは「私」を主語にして、自分自身がどう感じているかという思いを込めて語るという話し方である。

反対の話し方には、「ユーメッセージ（あなたメッセージ）」がある。これは「あなた」ではじまるか「あなた」がどこかに入っている話し方となり、非難や行動を変えさせたいという指示をする言い方になる。

ユーメッセージは、相手の考え方を破壊するような影響を与えることが多く、「相手をやっつける話し方」になりやすい。人間は常に自分の存在を認めてもらいたいと思っているため、相手に行動を変えてもらいたいときには、指示したり非難するよりも、相手の自尊感情も大切にしながら、しっかり自分の気持ちを伝えることができるアイメッセージの話し方が適しているのだ。

▼豊かな人生にするために使う

しっかりと自己受容したものを正直に相手にメッセージとして伝えることによって、コミュニケーションはスムーズになる。アイメッセージによる話し方は、自分が今このときに、どう感じているかをダイレクトに相手に伝え、その後、相手がどう対応していくかはすべて相手に委ねて考えさせる。たとえば、「そんな言い方は止めなさい」よりも、「そういうことを言われて私は困ってしまった」とか、「そう言われると私はつらい」と言ったほうが真意が伝わりやすく、相手の行動も変わりやすい。相手に変わってほしいと思うときこそ、自分の主張だけを一方的にユーメッセージで打ち出すのではなく、常に相手に対する愛情を根底においてアイメッセージで話す意識を持つことが効果的だ。だから、アイメッセージの「アイ」は「愛」と覚えたらいいかもしれない。

▼社会や仕事で使う

部下「店長、相談したいことがあるんですが」
店長「あとにしてくれ！　今日は忙しいんだ」

このように、ユーメッセージで答えてしまうと部下は、「うるさいなぁ」と店長が言っているようにとってしまう可能性が高い。しかし、実際は店長に悪気などはなく、「聞いてやりたいけれど、目先の仕事で焦って言ってしまった」だけなのだ。この場合は、

店長「今は大事な仕事があるんだ。十分に時間を取るから、あとでもいいかな」

このようなアイメッセージ型のコミュニケーションをとれば、上司と部下の心の距離感は縮まるだろう。アイメッセージの中に行動・影響・感情の三要素が入っていると、本意はよりしっかりと伝わるだろう。

受容する

自分の成長エネルギーを、
あるがままに受け入れる受
容から湧き上がってくる。

人間を一番成長させるものは人だ。自分の周囲に人がいなければ、今日の自分はないはずだ。だから、なるべくいろいろ質的にも違った人たちと、1人でも多く会ったほうがいい。

とにかく世の中は広く、いろいろな人がいる。日本国内なら1億2千万人以上の人、その一人ひとりにさまざまな思いがある。もちろん、少数派として人間不信の人もいるだろう。

しかし、その人間不信さえ、実は人間信頼の裏返しであり、決して人間無視、人間否定で生きているのではないだろう。何かのきっかけがあれば、人間信頼に転化するのは間違いない。

そして人とともに生き、自分が成長でき、また人にも何らかのエネルギーを与えられて、日々なるべく楽しく生きていく本質は、自分のまわりのすべての命をあるがままに「受容すること」なのである。これが人間の原点であり、到達点なのだろう。

▼豊かな人生にするために使う

人間は、ありのまま受け入れてもらうと元気になり、悲しみや苦しみがある人も心が少しずつ溶解し、自ら一歩踏み出せる気持ちになっていく。いかなる場合の受容であれ、受容される側は、何か自然にエネルギーが出てくるはずだ。否定、マイナスはそこにはなくなる。

また、人間性とは愛情を持っていることだと語られるが、愛情の具体的なあり方こそが、「受容」にほかならないのだ。他人を受容する力をつけるためには、まず自己受容する力をつけることからスタートしなければならない。もうひとりの自分を見るように、自分のつまらない面、みにくい面も含めて、あるがままの自分を、評価をまじえずに見つめることが重要だ。人間は、自分を過大評価し他人を過小評価しながら生きているため、意識しないと自己受容はできない。

▼社会や仕事で使う

人間は努力して自分に力がつけば、誰をも受け入れることができるようになる。ところが、よほどの力の差のあるところでなければ、人はなかなか飛び込むことはできない。だから、誰でも好きになり、受け入れられるように努力を続けて力をつけていかないと、後輩を育てることはできない。

人を育てる意識を持ったなら、上司は心理カウンセリングの基本とされる受容・共感・傾聴などを含む相談スキルを身につけるといいだろう。できるだけ、積極的傾聴の姿勢を後輩に対してとるのがよい。そして、なるべくその人のことをわかってあげることが重要だ。そのためには、昔話や家族・趣味の話などまでをできるだけ聴くようにするといい。受容と共感的表現力を磨きながら積極的に傾聴していると、お客様や従業員・後輩に一目置かれる存在になるはずだ。

自立する

人は、各自が力相応に精いっぱい生き、自立して少しでも本当の自分になろうと努力を続けている。

自立している人はかっこいいものだ。そして自立は何人も、スタートとしてはその人独自の我欲の追求からなされるものである。それらは、きわめて正常なことだ。

その「かっこいい」は現象的にはいろいろあって、若い頃には表面的なことから、そして少しずつ歳をとるにつれて内面的なものへと重点を移していくのが一般的だろう。主婦は主婦なりに、ビジネスマン10年選手は10年選手なりに、部長は部長なりに、社長は社長なりに、表面的かっこよさを求めて努力をしているものだ。

人は本来、よりすばらしいもの、より好ましいもの、より本物に近いもの、より本当のものを追い求めている存在なのである。各自が力相応に精いっぱい生き、自立して少しでも本当の自分になろうと努力を続けているのだ。人が人として生まれたからには、この「自立」への旅から逃げることはできないのである。

▼豊かな人生にするために使う

すべての人間は、依存・受け身から脱し、主体的に自分の足で立つことが求められている。それが自立である。人生を豊かにする条件は、経済的・健康的・精神的の三つの面で自立を勝ち取ることだ。前二者は日常から、かなり意識されているが、これだけでは十分な条件とはならないのである。

経済的・健康的に恵まれても、精神の自立なしでは日常を無難に生きているというだけで、決して満たされた豊かさを獲得することはできない。精神の自立、心の自立こそが、真の豊かさのための必要にしてかつ十分な条件となる。そのためには、物事を100%自分の責任として考えるクセづけをする必要がある。そういう発想で生きていると、問題解決をする力も自然と身につくはずだ。どんなことでも解決し、責任をとれるようになるということが真の「自立」なのである。

▼社会や仕事で使う

最高の組織は、すべて自主管理で規則のないものである。秩序が維持できるなら、放任管理に近づくほど最高効率も生み出されるはずだ。放任するためには、組織内の人間をまず性善志向で信頼するところからスタートしなければならない。そして、できるだけ押しつけで働かせるのではなく、自意識から働く動機づけを行なうことが重要である。組織内の人間一人ひとりが、仕事を通じて自立を進めることが、組織にとっても企業、お客様、そして本人にとっても幸せとなるはずである。

では、未だ自立していない部下を持つ上司はどうすればよいのだろうか。優秀な上司ほど部下を突き放すだろう。なぜなら、人生というのは逃げたいことを乗り越えてはじめて開け、次に進めるからである。部下を甘やかせすぎると、その人の将来のためにはよくないことになる。

単純・明快・繰り返し

初めから大きな目標を立てて、大きくなった会社はない。みんな小さな目標をわかりやすく立て、そしてつひとつ攻めていって今日を築いているのである。

成功した人に、「どうしてうまくいったのですか」と聞くと、「別にたいしたことはしていませんよ」と返答されることが案外多い。なぜ、成功した人は「たいしたことはしていない」と言うのだろうか、考えてみてほしい。一国の総理大臣であってもひとつの企業の経営者であっても、在任期間中にできたと言えるものは、実はたったひとつぐらいのものでしかないと思われる。二つ以上の大きなことを成し遂げたという例は、実は少ない。つまり、あれこれやろうとするからうまくいかなくなるのだ。業績のよい企業の経営方針やセールスポイントはとてもシンプルでわかりやすいものだ。通常は、環境変化に合わせて部分修正が行なわれていたり、企業が大きくなり従業員が増えるにつれて一体感を保つことが重荷になる。そうなったときは、まずできるだけ誰にでもできるシンプルな目標を掲げ、それを何回も繰り返し強調して実行を促すことが重要だ。迷わず進むことができれば、結果は案外速く出るはずだ。

▼豊かな人生にするために使う

あなたは、自分のモットーや大切にしている言葉をたずねられて、即座に答えることができるだろうか。モットーや大切にしている言葉を、30秒程度で答えることができなければ、成功することはとてもむずかしいだろう。そもそも、普段から意識していないことを言葉に発することはできないし、意識しないと行動自体がだんだんと鈍ってくるものだ。正しいと思うことが、普通に負担なく実行できるようになるためには、習慣づけを行なっておくことがよい。人間は、自分が覚えられないことを実行することはできない。だから、取り組み目標は初めから大きな目標を立てる必要はない。

まずは、できそうなところにわかりやすい目標を置いて、具体的な数字を設定し追いかけていけばいいだろう。迷いをなくし専念すれば、自ずと成功は近づくはずだし自信もつく。

▼社会や仕事で使う

もし、あなたが経営トップなら、必ず実行できるテーマを1年にひとつでいいから掲げて、繰り返し社員に伝えることだ。部下の社員は、最初はまたかという反応をするかもしれないが、しだいにトップが本気だと気づくだろう。そして、その言葉は定着をはじめるようになるはずだ。企業経営で最も大切なことは、理念やビジョンに則って、あるべき姿に向かって戦略的に突き進むことだ。そのためには、目的と目標を明確化させ、そこにたどり着くベストの方法を考えて、具体的なアクションに落とし込めばよい。とは言え、組織の中ではたくさんの社員が分業しているため、手段が目的になって、そもそも何をしようとしていたかを見失ってしまいがちになる。だからこそ、現場が迷いなく日常業務に取り組める「わかりやすい環境」を作ることが重要なのだ。

上司は部下を成功させる人

上司は部下を好きになり、褒めて自信をつけさせ、成功させることを目標にしなければならない。

部下と上司の関係に関する悩みを持つ人はとても多い。その関係は、管理する側、管理される側、支配する側、支配される側と考えているだけでは、良好なものにしたり、人が育つ環境づくりを効率的に行なうことはできない。上司と部下の関係でのあるべき姿を、船井総合研究所では、「上司は部下を成功させる人」「部下は上司の夢をかなえる人」と説明することが多い。部下を成功させるためには、上司は部下を好きになり、褒めて自信をつけさせ、何事にも積極的に取り組む人材を育成することが必要だ。世の中には「カガミの法則」が存在するため、好かれると好きになり、嫌われると嫌いになる。

結局、上司は部下を好きになり、仕事を好きになり、その感情のもとで成果を上げるとともに、その感情を部下に移入して部下にも成果を上げさせることが努力目標となるのである。

▼豊かな人生にするために使う

リーダーシップの三原則は、①下の人の行動パターンは、上の人の行動パターンに比例する。②管理システムだけの刺激は、悪いリーダーシップの代行をする。③よいリーダーシップを取れる人が指導者であり尊敬され、悪いリーダーシップを取る人は支配者になって恐れられる、というものだ。組織も人づくりも、ヒューマニティがその90%を決めるものであるため、上に立てば立つほど、多くの人を好きにならなければうまくやっていけない。そのためには、上司はまず部下のことをよく知り、好きになるような訓練に意識して取り組む必要があるだろう。逆に部下も、下にいる間は、多くの上司に好かれる人間になる努力をしなければならない。このように、互いが相手を好きになり、相性がよくなる環境が作れれば楽しいし、仕事にも全力を尽くせるようになるだろう。

▼社会や仕事で使う

上司は、部下を正しく評価して、褒めてあげることが重要だ。そうでない上司や経営者がいる会社では、下の人はさっさと辞めたほうが幸せである。上司はとにかく部下の長所を見つけて、褒めてあげて、うまく力を引っ張り出してあげたらいいのである。引っ張り出してやると、その人はいっぺんにやる気になるものだ。そうならないような仕事の仕組みとなっている会社なら、その仕組みを変えなければならないだろう。

逆に部下は、上司の夢をかなえることを意識しなければならない。上司は会社の経営目標を達成するため、自分に与えられた権限に対して、それに等しい義務と責任をはたしながら部下に指示を出している。部下は自分の役職よりひとつか二つ上の役職の気持ちとマクロな目線で、仕事にどう取り組むべきなのかを考え、判断することが重要だ。

Acting
——行動することを「習慣化」して無意識にできるようにしよう——

9章 習慣化する

ワクワクドキドキ働ける10のキーワード

世のため人のため

世のため人のために尽くせば、最終的に自分に返ってくる。

人として生まれてきた以上、アタマをよくし、意志を強め、力をつけて世のため人のために奉仕をしなければならない。この力をつけるためには、「勉強好き」で「すなお」であり、「プラス発想型人間」になるのが一番よい方法なのである。

そして一所懸命、世の中のため、人のために尽くせば、その人は尽くすがために世の中や他人からも尽くされるようになるのである。つまり、世のため、人のために尽くすということは、最終的に自分のためになり、自分に返ってくるのである。

ところが、よほど力がつかないと人間は自分が最も大事な存在だし、世の中や他人のことを、自分のことよりも上位に置きかえられないため、簡単には実行できない。だから、世のため人のためになることを目標に大きな夢を持ち、それに向かって最大限の努力をして自分に力をつけていく必要がある。これが運命を切り開き、「ツキ」を呼ぶ生き方なのだ。

▼豊かな人生にするために使う

人生目的でも経営目的でも、目的なしには人間は力を十分には発揮できないものだ。目的があると、その達成のために人は努力するのだ。だから、目的は努力のしがいがあるものであるほうがよい。人間性にかない、大義名分がついた目的ほど大きな力の源になるだろう。そういう意味で考えると、世のため人のためにがんばり、人間として力をつけ、リーダー的立場になる人生目的を立てるということが、正しい人間としての出発点だということもわかるだろう。自分のことを少ししか考えないで、世の中や他人のために、多く奉仕できる人ほど偉いという考え方もあるが、自分と自分の周辺で、まずより大きなことができる人ほど、世の中、人のためにできることも多くなる、ということは忘れてはならないだろう。

▼社会や仕事で使う

企業の目的づくりの中に必ず組み込んでおきたいものは、①天職発想ならびに大義名分、②経営なら儲けたい、人生なら力をつけたい、③経営目的なら大きくなりたい、人生目的なら多くの人を使いたい、リーダー的立場に立ちたい、ということである。そうしておけば、納得して働きやすい会社ができるだろう。大義名分がなく、大きくなることを否定した会社環境では、やりがいを作り出すことはむずかしく、人が力をつけることも困難になるだろう。まずは自分のため、自分の所属部門のため、会社のため、業界のため、世の中全体のためと、なるべく大きく行動ができたほうがよい。企業は仕事を通じて、会社のためだけでなく、世のため人のためになる意識と力を持った人財を育てる責任を持っている。

戦意と戦力

事業を実行する場合、その実行力は、実行力＝「戦意」×「戦力」となる。

戦争における攻撃力は、戦意と戦力で表わされることが多い。企業における実行力も、戦意と戦力の掛け算の影響と考えられる。つまり、事業を実行する場合、その実行力は、実行力＝「戦意」×「戦力」となる。さらに簡単に表現すると、戦意＝実行するためのやる気（モチベーション）、戦力＝実行するためのスキルと言えるだろう。

たとえば、ヒトがたくさん集まって団体ができても、やる気もなくスキルもないなら、話をしていてもあまりよいアイデアは浮かんでこない。しかし、やる気だけでも向上させることができれば、話は大きく変わる。なぜなら、１００（やる気）×10（スキル）＝１０００となるため、30（やる気）×30（スキル）＝９００となり、前者はスキルの高い後者を上回る結果が出るからだ。組織というのは、戦意を上げる仕組みを内包し、同時にある特定目標に対する実行を行なうヒトの集合である必要があるのだ。

▼豊かな人生にするために使う

いくら能力の高い人が集まっている組織を率いていても、彼らの能力を引き出し、戦意を高めないと大きな成果は求めることはできない。なぜなら、そもそも人の能力は、それほど差があるわけではないからだ。一人ひとりの力は戦力にしてもせいぜい1・5～2倍ほどと考えられる。人間の力というものは、しょせんそんなものなのだ。ところが、戦意の差というものは、何十倍も何百倍も違うことがある。だから、いかに人の戦意を高めるかを考えて、組織はサポート体制を作っていくことが重要となる。このあたりのことは、スポーツチームで特に研究されている。チームの監督は選手のやる気を引き出しながら適切な采配を行ない、チームを勝利に導かなければならないということだ。ここでは、やる気や潜在的な能力を引き出すという観点が重要になる。

▼社会や仕事で使う

戦力が揃っていないから業績が伸びないと嘆く前に、リーダーは社員の戦意のアップを図るために知恵を絞ることが重要だ。ただし、そのときに、社員に今まで以上のノルマを課したり、リストラの影をちらつかせたりするのは的外れだ。それは逆効果となり、社員の戦意はかえって落ち込むはずだ。そんなことをするくらいなら、社員の前で「業績が悪いのは自分のせいだった。これからは心を入れ替えて、みなさんの意見も参考にしながら、よい会社に育てていく決意なので、ぜひともご協力をお願いしたい」と謝るほうが、効果が上がるはずだ。戦力はそのままに、戦意をアップさせる手法は即効性がある。対して、戦力を高めるにはそれなりの時間がかかる。スピーディーな改革を望むなら、胆はモチベーション向上が中心になる。社員の戦意が上がれば業績は上がるのだ。

天職発想

天職発想は、必ず仕事にやる気を起こさせる。

昔から、成功者の特性は天職発想ができたことだと言われている。天職だと思うと興味が出てきて、眼力にも秀でるようになり、おまけに生きがいを感じて喜んで没入できるようになる。そうすると、活き活きニコニコとなり、人に好かれるようになる。誰でも、好きなことには興味を持つものだが、人生では好きなことばかりして生きていけるとは限らない。だからこそ、現在の仕事について天職発想ができるように努力してみることが重要なのだ。

天職発想ができるようになると、それまでは気がつかなかった細かな部分までが見えてくるから不思議だ。そして、その細かな部分はもっとこうすればいいのではないか、こうすると、もっとできるのではないかと知恵が働き、仕事にも自然と張りが出てくるようになる。そういったなかで面白みが生まれると同時に、自分にプライドと自信が持てるようになるのである。天職発想は、必ず仕事にやる気を起こさせる。

▼豊かな人生にするために使う

何事においても、惚れてがんばることは成功へのスタートである。人間、一度自信がつくと、後々それは増幅されていくことになる。早い段階で惚れて興味が持てるものを見つけることが得策だし、重要なことだ。子供の頃や学生の頃に自分が何をしたいのかを見つけるのは、なかなかむずかしいことである。ところが最近は、就職してからもそういうものを見つけられず悩んでいる人も多い。

惚れて興味を持てば、何でも成功できるはずなのに、心がそちらに向かないのだ。どのようなビジネス、仕事も、それを好きになることが基本だ。そのためには、まず天職だと思ってがんばってみることが重要なのである。最初は好きでなくても必死になれば、興味が出てきて好きになれるしプロにもなれる。つまり、体質が変わるのである。これが天職発想のすばらしさである。

▼社会や仕事で使う

天職発想がわからず、現状に不満を持っている人間が、転職したからといって成功することはとてもむずかしい。もっと、自分に合った仕事が他にあるのではないかということで転職を考える人は、採用する側から見るととても困った存在だ。なぜなら、採用する会社は自分たちの会社の環境を活かして、こういうふうに活躍したい、貢献したいという夢と情熱を持った社員の入社を求めているからだ。

当たり前の話だが、職場を変える＝成功する、ではないのである。通常、「○○をやりたいから転職したいのです」といった程度の感覚ではほとんど成功することはないだろう。環境を変えることを考える前に、自分を変えたほうが成功の確率は高まるはずだ。

楽しくなければ仕事じゃない

ワクワクした気持ちになれない状態は、仕事や遊びに全力で打ち込んでいないということだ。

人間は、自分が好きなものや楽しいことに取り組んでいるときには一心不乱に集中でき、時間や疲れを忘れて取り組むことができる。疲れを感じないだけでなく、精神的なストレスも発生しないのが普通だ。最近では社会全体が豊かになり、お金があれば何でもできるようになった。そのため、新しいものや体験に出会うことが逆に少なくなった。多くの日本の若者はそういう環境に慣れてしまい、日本より貧しいはずの国の子供や若者より目がキラキラと輝いていない人が多いことは、とても気がかりなことだ。ワクワクした気持ちになれない状態は、仕事や遊びに全力で打ち込んでいないということだ。仕事も遊びも全力で打ち込まないと、その醍醐味や本当の楽しさはわからない。自分がワクワクしない仕事は、責任を持ってやりきることもビジョンを語ることもむずかしい。ワクワクドキドキ楽しめて責任も取れる仕事をすることが、よい人生を送るコツなのだ。

▼豊かな人生にするために使う

誰もが、楽しく幸せな人生を送りたいと考えている。これは間違いのない真実である。家族や気の合った友人と過ごす時間は楽しいものである。

ところが、よく考えてみると人間が起きている時間は1日16時間から18時間程度だ。勤労者はその6割程度の10時間を、働く時間と職場までの通勤時間に使っている。つまり、人生全体を豊かで楽しいものにするためには、働いている時間や通勤に使っている時間を豊かで楽しいものにしたほうがよいのは自明のことなのだ。

だからこそ、仕事を楽しむ、仕事を楽しくする工夫は必須技術になってきているのだ。人間の自己実現は仕事を通じて達成されることが基本だから、楽しく仕事に取り組めないと人生全体が夢の少ない味気ないものになる。

▼社会や仕事で使う

働く人のやる気は、組織風土によって大きく左右される。やる気の出る組織風土とは、決まって明るくて元気がよく、開けっぴろげで風通しがよい。足の引っ張り合いや根回しも必要がなく、前向きな意見もどんどん社員のほうから出てくる。

このような組織風土は、組織を統率する責任者のリーダーシップ、考え方によって大きく影響され作られるものだ。自らが、明るい未来を指し示す前向きな発言を行なって率先垂範行動する。部下を押さえつけるのではなく、意見に耳を傾け、よい意見はどんどん採用し、どんどん仕事を任せていく体制をつくろうと意識することが、リーダーの重要な責務だ。すべての仕事はお客様を喜ばせることができて成立する。だからこそ、お客様に喜んでもらう前提として、社員が楽しく仕事ができる環境づくりが大切なのだ。

無駄な修行をしない

教える側、育てる側に、育成の狙いがなければ、教育も効率の悪い仕事の指示となってしまう。

日本では、教育において精神的鍛錬に偏重し、非科学的で合理性のない命令をするケースがまだ残っている。

もちろん、過度に甘やかしたり、若手の時代だからこそ経験させなければならないことを省いてしまうことは、本人の将来のためにもよくないことだ。

ただし、教える側、育てる側に、指示する業務を通して身につけさせようとする力、育成の狙いがなければ、教育もいじめや無駄で効率の悪い仕事の指示となってしまう。高い採用コスト、教育コストをかけても人が続けて辞める、人が育たないと嘆く会社では、ここでいうような環境が原因となっていることが実に多い。

本来取り組まなければならない仕事の指示をする、そういう仕事に自分から取り組むという環境を作ることは案外むずかしい。修行する、努力するから結果が出るのではなく、自分たちが望む結果を出すために、正しい修行に取り組める環境を作る視野を持つことが重要なのだ。

▼豊かな人生にするために使う

無駄な修行をしないためには、指示や命令、ルールの先にある本当の狙いや本質を理解して、本来の目的や目標に向かって邁進することが重要だ。

本当に取り組まなければならないことは何なのか、それは、どうすればうまくこなすことができるのかというルールを学び、身につけていくことが重要だ。そのコツは、常に重要度と緊急度を考えて物事の優先度を判断するクセづけにある。緊急度や重要度が高いものを最優先することは異論がなくわかりやすいが、一般的には緊急度が高いことが気になりやすいため、緊急度は高いが重要ではないものを優先しがちとなり、重要だが緊急度が低いものを先送りにすることが多い。また、気力が充実していないと、本来やらなければならないことは後回しにしがちだ。

▼社会や仕事で使う

作業の不思議なところは、最初は少し嫌な気がしても、慣れれば案外楽になり、考えるのが面倒になってくることだ。

ところが、管理職に昇進すると、作業以上に分析や判断、意思決定を業務の中核にすえて、戦略発想で仕事に取り組む知的業務をメインにせざるを得なくなってくる。このように、脳にさせる仕事に取り組むためには、強い意志と訓練が必要である。ところが、自分の好きな店内作業のヘルプに入ってばかりいるような人も少なくない。管理職であっても、目的と責任を見失い、作業的な業務でたいへんと言い続けている人はとても多いのだ。若手のうちから、自分自身にも無駄な修行をさせないことはとても大切だ。作業を行なう場合でも、本来の狙いの指先確認が特に重要だ。

一体化

社内一体化と変化に適応できる能力がないと、業績は向上しない。

業績の向上の決め手は、社内の一体化だ。一体化ができれば、売上や利益が上がりやすくなる。

近代では、組織体というのは共同体意識、いわゆる信頼感と変化に適応できる能力の二つの相矛盾するようなものが上手に揃わないと伸びないし、成功しないものなのだ。

つまり一体化とは、社内が基本的にひとつの哲学や思想で統一されていることが前提条件となる。伸びている会社は、一体化して衆知結集による全員経営法を行なっていることが多い。

それは、全社員が何らかの形で経営に参加し、自らの意見を提案し、しかも、その提案のほとんどすべてが採用されるというようなシステムをとっている場合が多いということだ。

この方法は従業員に力をつけさせるだけでなく、やる気を出させるための最高のノウハウと言っていいだろう。

違った個の力を押さえつけず、伸ばし、活かし、一体感のある、チームワーク力のある組織を作ることができれば強い。

▼豊かな人生にするために使う

社会が複雑になり、それぞれの人が役割とする仕事も複雑になってきた現代社会では、本来の自分自身の役割や仕事の意味がわからなくなったり、見えづらくなっている。自分の範囲内だけでの最適化を考えがちになりやすい。それぞれの部署の人間一人ひとりがよかれと考えて動いていても、組織全体が目指す姿や目標が共有されていないとバラバラの最適化の集合体となり、全体最適は達成できない。

このような現象は、企業や行政、官僚的組織でも多く見受けられる。極端に言えば、一体化ができているということが当たり前なのではなく、一体化ができていないことのほうが普通で当たり前のことなのかもしれないほどだ。そう見ると、総論的に一体化を語ってもそれは実現できず、努力してこそ、一体化は実現すると捉えることができる。

▼社会や仕事で使う

社内外を問わず、一体化したほうが業績が向上するという見方は、マーケティングの世界で有名な「5フォース分析」のようなものからも理解できるだろう。それでは、具体的に一体化にはどんなものがあるかを考えてみよう。

・無店舗販売（通販）と有店舗販売の一体化
・メーカーと小売が一体化する
・小商圏と大商圏の一体化
・客数アップと客単価アップの一体化
・仕入担当と販売担当の一体化
・レジャーと買い物の一体化
・時流と原則の一体化
・敵と味方の一体化（敵を味方につければ強い）

これまで相反する存在と思われていたものも、最近では多くのものが一体化しており、それぞれが大きな効果を発揮している。

吉田松陰の教育

誰でも正しい人生目的を持ち、がんばれば大をなせる可能性を持っている。

多くの志士を輩出したことで有名な松下村塾は、18畳のあばら家である。この場所で、ほんの一年半ほど吉田松蔭から教えを受けた毛利藩の下級武士や農民の子弟が明治を作った、と言っても過言ではない。塾生からは何と、激動の幕末に50人を超す人財が生まれ、そのうち26人が明治になってから爵位をもらっている。

もちろん、子爵や男爵になったから偉いというものではないにしろ、これは大教育家・松蔭ならではの偉業だろう。毛利藩の上級武士の子弟は設備の整った明倫館で学んだが、明治の元勲などと言われる人々は、全員が松下村塾出身であり、明倫館とは無関係だ。吉田松陰が教えたのは人間性であり、大義名分に合った人生目的であり、がんばり努力することだったようである。この教えが氏や素性と関係なく、人財をつくった。

このことから、誰でも正しい人生目的を持ち、がんばれば大をなせる可能性を持っていると言っていいだろう。

▼豊かな人生にするために使う

松蔭は、いつも塾生に、情報を収集し将来の判断材料にせよ、と説いていたという。その上で教育も、①誰も差別しないで至誠の心で対応する。②長所を知りそれを伸ばす、③プライドを持たせる、④人をよく認めよくほめる、⑤勇気を持たせるというような視点で行なっていたようだ。

それらは煎じ詰めると「好きなことをやりなさい」ということであり、「なるべく早く、自分の使命に気づきなさい」ということである。わずかの間に、世の中を動かす原動力となる人財をたくさん育てようというのだから、すべてにおいて平均点以上を目指していたら、とても追いつかない。この点からも、松蔭の教育方針は時代の要請にもかなっていたようだ。また、人は自らが人財になれた感謝の気持ちを忘れず、自らも人財を育てるようにならなければならない。

▼社会や仕事で使う

吉田松陰だけでなく、札幌農学校（現北海道大学）初代教頭であったクラーク博士も、わずか9ヶ月しか学校にはいなかった。しかしその間に、新渡戸稲造氏、内村鑑三氏などの偉人が出ている。彼は、農学校の校則も「紳士たれ」だけでよいとし、自由・独立・人間尊重を基盤とした独特な校風ができ上がったそうである。このような事例から考えて、優秀な人財を育てるには、教える側こそがよい人財であることが重要なようだ。

真に優秀な人財とは、他人を巻き込んで、世の中をよい方向に変えられる人である。また、他人を巻き込んでいっても、嫌われず尊敬され、世の中をよい方向に変えられる人でもある。こう考えてみると、自分の会社や組織に人財がいないと嘆く前に、自分自身の人財レベルがどうなのかを一度冷静に考えてみることが重要だ。

百匹目の猿

集団意識の総和がすべてを決定する。それは一匹の猿からはじまる。

昔、宮崎県の東海岸の串間市の幸島(こうじま)に野生の猿が住んでいた。研究のためにサツマイモで餌づけされていたのだがある日、メス猿の一匹がイモを海水で洗って食べはじめた。海水で洗うと、イモについた泥がとれるし、適度な塩味がつくというすばらしい発見だ。

その後、このメス猿に近い他の猿たちも、これを真似しはじめた。このようにして、幸島ではイモを海水で洗う猿が徐々に増えていったのだが、その仲間に若い1匹の猿が加わったとき、幸島のすべての猿が真似をしはじめた。

それどころか、海を離れた他の島々や大分県の高崎山の猿までもが、いっせいにイモを海水で洗いはじめたのだ。

この不思議な現象は、仲間に若い1匹が加わってはじまったことがキーポイントになるため、象徴的に「百匹目の猿」と言うようになった。

▼豊かな人生にするために使う

「百匹目の猿現象」はライアル・ワトソンが紹介した話がもとになっている。日本の幸島での河合雅雄博士の研究成果をもとに、創作も加えられた話だったようだが、情報や行動のモデルパターンとして大いに参考にできるはずだ。

マーケティングの現場や日常生活においても、同じようなことを体験する場面も多いだろう。ある「思い」を持つ人が増え、一定数以上になると、突然他の集団にまでその「思い」が伝播し、結果的にその思いが実現する、という話だ。

つまり、すばらしい知識や思いは、最初は少人数であっても、それがある一定のレベル、つまり「百匹目の猿」に伝わった上で、条件が整えば全体に伝播するらしい。とすれば、人間は常に正しいことを思い、気づいていない人にそれを伝え続けることが重要だろう。

▼社会や仕事で使う

人類が生成発展し、成長するためにこの世に生まれてきたのであれば、若い優秀な人間のほうのレベルが高いことが当然だが、年配者の多くはこのことを認めようとしない。それどころか、「今の若い者はダメだ」といつの時代でも言われるようである。ところが、若い人間が優秀だからこそ、世の中は改善されよくなってきているのだ。昨今は、社会や環境もますますむずかしい問題を抱えながら、激しい変化を見せている。そのため、従来の常識的な考え方や動きだけでは対応できなくなっていることも数多くある。若い少数者だけのものだった行動や情報も、ある一定数に達したときやある条件が整ったときには、社会全般に伝達され広まることになるはずだ。だからこそ、少数の意見だといって若者を否定することは間違いと言えるだろう。

上司はサポーター・経営者はスーパーサポーター

一人前から一流へ進む段階に入ったら、人を育ててやろうという考え方は捨てよう。

教育において、最初の半人前から一人前に育てる段階では、「夢のある実現可能な目標」を持ってもらおう。躾やマナー教育などの欠点是正教育やマニュアル教育など、ある意味押し付けとも言えるティーチングが続くが、これらも自分の夢のためだと理解できれば苦にはならないだろう。

次に、一人前から一流へと進む段階に入ったら、人を育ててやろうという考え方は捨てよう。なぜなら、それぞれの社員の目指すものはすでに多様化しており、そのすべてを教えることができるスーパーマンのような上司はそういないからだ。やることはただひとつ、「明確な夢のある実現可能な目標」を持ってもらうことだけだ。

この段階では、コーチングの手法を使い、自らが気づくように導いていくのが正しいだろう。上司は部下のサポーターになり、経営者はスーパーサポーターに徹する。これが、人財が育つリーダーシップの考え方なのだ。

▼豊かな人生にするために使う

人のモチベーションを向上させるポイント。

①個人、プロジェクト、チーム、会社と単位ごとに、全員が自らの役割を熟知している。

②私は何かの役に立っている、と実感できる。

③自らが成長している実感がある。そのためには、上司のほうから「あなたは、このことで役立っていますよ」と伝える

④仕事の成果を評価システムにもきちんと反映させる。そのためには評価基準を明確にし、その内容を公表することで動機づけを行なっておく

⑤社内のあらゆるコミュニケーションが円滑になるように留意する。特に、上下左右（組織の縦と横）のコミュニケーションをよくする

⑥自分は正当に評価されていると実感できる環境をつくる。フィードバックや対話も積極的に行なっていく

▼社会や仕事で使う

普通、ギブアンドテイクで人間は動くし、上役よりも力のある部下はまず組織内には存在しないと考えられるため、いかに部下にたくさんのギブをするかが組織を動かすキーポイントになってくる。ただし、そのギブの基本はできるだけ放任管理に近い形でアドバイスを与えるような形がベストと言える。また、人は一人前から一流に伸びていく過程で必ず壁にぶつかる。そのときにはカウンセリングをしてあげるとよいだろう。

ただし、このときもこちらからは答えを教えず、自らその壁の乗り越え方を見つけるように導くことが重要だ。つまり、このときのギブはヒントを与えることだ。そもそも指導力があるということは、あたかも自分の家族に接するがごとく部下に振る舞う能力を持っている、ということなのだ。

いつもFOR YOU

他者に尽くすことが、必ず自己に返ってくると考えて行動することが大切だ。

「いつもＦＯＲ ＹＯＵ」は船井総合研究所の行動指針であるクレドの中のひとつの言葉でもある。人間は、本音で語れば誰しも自分がいちばんかわいく、大事なものだ。だから、自分を大切にする「ＦＯＲ ＭＥ」があった上で、他人をやさしくいたわる「ＦＯＲ ＹＯＵ」を目指すべきなのだ。

この二つは、上手にバランスをとることが重要だ。大義名分がとても立派な「ＦＯＲ ＹＯＵ」であっても、自分が無理を感じながら続けるのでは、それは偽りの「ＦＯＲ ＹＯＵ」となり、説得力も欠けてしまうことになってしまう。

お客様志向を貫き、他者に尽くせば、必ず最後には自己に返ってくるものだ。

そのような発想と行動は、社外だけでなく社内の他部署、後輩に対しても同様に持つことが重要である。

▼豊かな人生にするために使う

私たちの社会は、常に他人との関係の中で成り立っている。いつもFOR YOUは社外に対してだけではなく、社内の業務に関しても、相手の立場に立ち、合理的な連携で分担することが望ましい。ところが、業務全体の仕組みを見わたす力を持っていないと、全体最適を追求することはなかなかむずかしい。また、各部署内の権限だけに目を向けていては全体最適を実現する連携がとれるよう、各部署に働きかけることも困難になる。だから、FOR YOUを理屈でなく実現させていくためには、力をつけ一歩高い目線で物事を見るクセづけをしておくことが必須である。また、相手がより仕事をしやすい状況、受け取りやすい状態を徹底的に考えて動くことも重要だ。そのためには、自分の前後の部署が何に取り組み何を重視しているかを知ることも大切だ。

▼社会や仕事で使う

環境の変化が激しく、未来が不透明にしか見えない場合、卸売業やメーカーは、将来のあり方を逆流のマーケティングの発想で、消費者に最も近い存在である小売店の経営の変化から考えて、これからのあるべき姿を考えるのが正しいはずである。そして小売店の場合は、より消費者視点で考えて、これからのあるべき姿を考えていけばよい。だから、販売価格の決定に関しても単純に原価と経費を積み上げ、そのうちに一定の利益をプラスする積み上げ式の決定法ではなく、お客様が納得するプライスの決定を中心とすることが正しいし、製品、商品の開発も顧客視点、消費者視点で徹底して考えるところからスタートするべきなのである。そういう発想は繰り返しトップが発言し、意識して訓練してクセづける視点が重要だろう。

Acting

——行動することを「習慣化」して無意識にできるようにしよう——

10章

習慣化する

プロとして生きるための10のキーワード

経営者は命がけ

経営者は悪いと思うことをやめ、よいと思うことを増やし続ける意思を持つことが重要である。

経営者は、命をかけて経営にあたっており、責任逃れができない存在だ。会社が不調であっても他人のせいにしたりすることはできないため、全責任を自分自身がとらなければならない。

だから、その責任感を背景に、自分自身がよくわからないことをなくしていくために勉強を続けなければならないし、勝つか負けるかが読めない博打に手を出すことは自分自身、部下ともに慎まなければならない。そしてどんなことであっても、謙虚に受け入れた上で、上手に儲けられる仕組みづくりに取り組んでいかなければならない。また経営者は、自分の健康にも責任を持たなければならない。

これは、自分のためだけにということではなく、経営者の健康が会社のため、業界や社会の向上や維持に関係しており、それらに責任を持つために重要なことだからである。

だから経営者は、悪いと思えることをやめ、よいと思うことを増やし続ける意思を持つことが重要なのだ。

▼豊かな人生にするために使う

経営者は命をかけて企業経営、仕事に打ち込んでいる。そのため、毎日が戦場と同様の環境下で仕事をしていることになり、死生観というものができ上がりやすくなる。正しい死生観とは、「生きている以上、生きることに全力を尽くそう。しかも、有意義に生きることに全力を尽くそう。そして死が訪れたときには、喜んで満足していつでも死のう」というものだ。このような死生観ができ上がると、確率的行動＝理性的行動ができるようになるという。フィリピン・ルソン島から重症を負いながらも奇跡的に生還し、ダイエーを創業した故・中内功さんにしても、復員後、警官に追いかけられながら闇市で魚の販売を行ない、日本最大の食品スーパーであるライフコーポレーションを作り上げた清水信次さんなども、文字通り死線を潜り抜けた後に大きな仕事を成し遂げた。

▼社会や仕事で使う

現状を客観的につかみ、このケースの場合はこのように動くといいはずだと考えて行動できるほうが、時には失敗したり、危険に陥ったりするケースがあったとしても大きな成長を遂げることができる。そのためには、私心をなくし公に尽くそうとする正しい死生観、社会観、人生観、哲学を持つことが重要である。自分自身の思考と行動基準を示す哲学というものを形づくり、その哲学をさらに正しいものへと成長させていく、これこそが人生において見失ってはならない「生きる」目標、テーマなのだ。哲学のはっきりしていない人の行動は、どうしても危なっかしくなりがちだ。当然、その発言や行動には軸というものが感じられず、フラフラとしたスタンスがはっきりしない人間と評され、他人からも信用されにくくなってしまう。

トップで99％決まる

企業はトップの力、つまり社長の力以上には伸びない。

ひとつの会社、ひとつの企業を考えるとき、そのトップ以上の人材はその時点では存在しないと言っていいはずだ。企業はトップの力、つまり社長の力以上には伸びないものだし、社長の力以上の部下がいる会社では本来、効率的な企業経営ができないからだ。ここで言う力とは、「能力×意欲」であり、「能力」＝「知識×技術×態度」であり、また「意欲」＝「人間性×努力」と表わされるものだ。ひと昔前の物中心の時代には、「能力」のウェイト、特に知識や技術が高く求められたが、情報や心が中心となった現代社会では、「意欲」のウェイトが相対的に高まってきている。

つまり、昔は仕事さえできれば、多少態度が悪くても人間性に問題があろうとも管理者やトップは務まったが、今では人間性や態度が尊敬に値しない、ましてや努力をしていないトップには部下がついてこなくなってきたということである。

▼豊かな人生にするために使う

企業経営においては、経営トップである社長で99％決まる。人間個々人の「人生の経営」も、自分自身の「能力×意欲」で99％決まるはずだ。この意味は実に重い。運がいいとか悪いとか、成功したとか失敗したとかいうものも、結局は自分自身の心の持ち方、現実の捉え方で決まるわけだ。

このことは、エジソンが電球を発明したときにインタビュアーから「1万回も失敗したそうですが、苦労しましたね」と聞かれたときに「失敗ではない。うまくいかない方法を1万通り発見しただけだ」と答えたという話などとも通じる。他人が失敗したと言っても、自分が失敗と思わなければそれは失敗ではなく、落ち込む理由など何もないということだ。ここで大切なことは、体質に合わないことはまず失敗するということだ。嫌いなことは上手にできないし、成功しない確率が高まる。

▼社会や仕事で使う

人に商品やサービスを提供するときに、最も大切にしなければならないことは、常にこちらがポジティブ人間として振る舞うことだ。特に、人や企業の生き死にに関わる医師や経営コンサルタントのような職業では、これは絶対である。悲観的な医者や経営コンサルタントでは、病人や業績の悪い企業を救うことはできないだろう。しかし、現実にはたいへんなこと、クライアントが嫌がることを言わなければならないことも多い。そういうときには、客観的な事実を冷静に受け止めてもらえるように、そしてできるだけ相手が希望を持てるように伝えることが重要だ。または、患者やクライアントの経営者が納得できる「最善の対処策」を併せて具体的に提示することが効果的だ。

このようなことができるようになるには、こちらもさまざまな勉強や経験を積んでおく必要がある。

納得し、論理的体系的に話す

わだかまりを取り除いて取り組めるようにするには、論理的体系的に納得させることが重要である。

上司に対するの部下の関係とか、取引先に対する業者の関係といったような場合には、自分の意に沿わないことであっても、あきらめてしたがうような部分はどうしても出てくる。

しかし、そのような場合以外は、納得しないことにはしたがわないのが通常の日本人の意識だろう。納得できないとフルスロットルで動かないどころか、動くこと自体すら拒絶してしまうこともある。

今は、組織全体がそういう状況になっているのが普通だから、マジョリティーだけではなくコンセンサスを重視して全員一致納得するまで話し合って決めて動かしていく、動いていくのが一番いいだろう。

経営トップやトップスタッフ、コンサルタントはもちろん、その存在位置からして聞き手が納得しやすいように、論理的体系的に話さなければならない。そのためには当然、話し手自身が納得するまで勉強して、物事を理解しておくことが重要である。

▼豊かな人生にするために使う

人間は、納得しなくても行動はできる。とは言え、人間は感情が80％、理性が20％と言われるほどの感情的動物である。ところが、人間は自分が思ったこと、心に意識していることを、そのまま実現させていく可能性が大きい。だからこそ、物事を実行するとき、納得して心のわだかまりをなくしておかなければならない。当然、人を動かして物事を実行していくときは、心のわだかまりや弁解のための一言が付与されないように心を砕く必要がある。

そのような、わだかまりの心があるだけで、失敗を招く可能性が高まっていくからである。論理的体系的に説明するためには勉強が必要だ。「なぜ、そうしなければならないのか」「なぜ、お客様に対して尽くさなければならないのか」を、わかりやすく説明していかなければならないからだ。

▼社会や仕事で使う

組織体は、その長によって90％以上決まってしまうことはこれまでにも述べた。これは、変革期や競争激化時ほどあてはまる。もちろん、安定期や成長期においても、組織体のトップの存在と意思決定は重大なものであり、組織体そのものといってもいいわけだが、変革期や競争激化時の意思決定は天と地ほどの差を生み出すことになる。

たとえば、厳しい時代ほど次の拡大期を見据えて投資をしながらチャンスをうかがうのか、まずはリストラを徹底して生き残りの体力を貯えるのか、その判断で将来は変わってくるはずだ。通常、一流の経営者は、次のように自分に言い聞かせて行動している。「慎重の上にも慎重に準備をし、最悪の場合のことも考えて、それでも十分に納得して決断し、そして自信と確信を持ち、楽観的に行動するのが成功のコツである」と。

自信のないことは薦めない

人間は、できるだけ自分で納得できないこと、自信のないことはやらないほうがよい。

経営者は、自分が陣頭指揮をしてやろうとして、できないことを他人に押し付けてはならない。できるようになっているもの、実行できる可能性が100%と考えられるものを、指示・命令することがベストなのである。よく考えてみれば不可能なものや、できるかできないかよくわからないもの、100%の自信がないあやふやなものには、真の実践家は手を出さないものだ。

そもそも、戦略の間違いを戦術や戦闘で取り返すことはできないのだから、慎重に考え抜いて自信度100%の状態で指示・命令したいものだ。

ただし、自分自身がどれだけ自信を持っていても、時代性や商環境の変化、競合企業の戦略によっては、思い通りの成果が出ないときもある。

その場合には、戦略面におけるマネジメントサイクルのP（プラン）、D（ドゥ）、C（チェック）、A（アクション）を意識し、最善の方向転換指示を責任を持って出すことが重要だ。

▼豊かな人生にするために使う

人間は、できるだけ自分で納得できないこと、自信のないことはやらないほうがよい。また自信のない段階で、それを人に薦めるようなことはしてはならない。自分で、心の底から納得して理解していないことを軽く言ってしまったり、やらせてしまったりすると、たまにはうまくいくかもしれないが多くの場合うまくいかないことになるからだ。自分が、本当に納得できているかどうかをチェックする方法は簡単だ。気軽に使っている言葉や概念の意味を、より丁寧に人の前で説明してみればよい。その言葉や物事について5分程度説明をして、聞き手がわからないところは質問させて答えることができれば、相当自分自身の納得度は高いので自信を持っていいだろう。ところが、実行してみれば驚くはずだが、案外簡単な言葉や概念であっても説明することはむずかしい。

▼社会や仕事で使う

自信のないことや敗戦処理法がわからないこと、納得できないことは、自分でもできるだけやめるべきだが、むずかしいのは、部下に対して自信のないことや結末が読めていないことを丸投げしてやらせていることが多いということだ。厳しい時代には、ひとつの失敗が業績を悪化させたり、企業を潰す可能性がある。だからこそ、リーダーは失敗しないための準備を入念に行なうことが重要だ。ところが、世の中には絶対というものはない。だから、絶対を求めようと無理を押し通したり、絶対と呼ばれるものを盲目的に信じないことも重要である。また、自分自身が考えに考えても、理論だけで実践が伴わなければ、結局結果は出てこない。知識や理論だけでは自転車には乗れないし、水泳もできないのと同じだ。つまり、「できないことはアドバイスしない」ことが重要なのだ。

勘で正しいことがわかる

義務感、責任感、使命感を身につけ、プロレベルになれば、勘で正しいことがわかるようになる。

プロとアマの違いは効率性にある。自分の専門分野に関しては、一般的には時間や手間がかかってむずかしいと言われていることに関しても、プロは特には時間がかからない。それが本当のプロであり、プロは効率よく物事を進めて成果を出す。そしてプロは、強いて準備をしなくても、課題自体を包み込んで簡単に答えを出していく。

このように、プロとアマとはまったく違うものである。プロは基本ができているからこそ、先見性もあり変化や予測できない状況にも十分に対応できる。

さらに、自分の仕事に対して責任感と使命感があり、いざとなれば責任を取れる。人間のレベルは、誰もがゼロレベルからスタートし、基本を知り、義務感を身につければ並レベルになれる。

次に、責任感、使命感ができて勘で正しいことがわかるようになる。これがプロレベルなのである。だから、勘でわかるのは悪くない。自分がプロレベルになったという証拠だからだ。

▼豊かな人生にするために使う

義務感、責任感、使命感を身につけ、人間性を高めて並レベルからプロレベル、さらに次に運がついてくると成功者レベルへと人は成長していく。好環境のときには、並レベルの人でも十分に生活も楽しめるだろうが、いったん環境条件が厳しくなると、プロ・レベルの人以上でなければ本人も楽しい仕事ができないし、暮らしもよくならず周辺に対してもプラスになることはできない。そして、もっと厳しい時代になると、超プロレベルの人かまったく素人のほうがよく、半プロがもっともいけない状態になるのが普通である。つまり、できるだけ何かの超プロになることを目指すことが豊かな人生を作る早道なのだ。そして超プロになると直観力が研ぎ澄まされてくる。

勘がよいのは人生において成功するひとつの条件なのである。

▼社会や仕事で使う

社会や企業内で勝者になるためには、要は競争相手よりも力があればよいことになる。つまり、人生で勝ち続けるためには、競争の対象となる相手よりもいろいろなことを自分が知ることと頭をよくすることが大事なポイントとなるわけだ。一般的に世間で、「頭がよい人」と言われるのは、直観力が働き、機転のきく話や発言ができる人のことを指すことが多い。そして、現場で目的意識を持って仕事をし、人間性を高めながら経験を積んできた者の多くはだんだんと勘が優れてくる。勘というのは数字や言葉では翻訳しにくいものだ。しかし、勘で正しいことがわかる人づくり、それをルール化できる人づくりができれば、組織活動はダイナミックで付加価値の高いものになる。調べないとわからない創造性の欠けた職場は、レベルが低いというわけだ。

３年でプロになる

普通の人間でも３年がんばることができればプロの並程度のものは誰にでも作ることができる。

ある研究によると、20の努力で１００％の完璧レベルに達するとした場合、20のうちの３の努力で、その80％を達することができるという。つまり、残りの20％を達成するためには、さらに17の努力をしなければならないのである。３の努力で80％レベルに達したこの段階の残り20％も、17×３÷20＝２・55の努力で80％が手に入る理屈だ。つまり、全体の96％が計５・55の努力で手に入る。

しかし、この割合で続けて考えると、１００％を目指すときには、最後の１％程度を手に入れるために莫大な努力が必要となり、それを達成した人は超名人ということがわかるはずだ。普通の人間は、３年がんばることができれば20年程度かかる名人、超名人には遠く及ばなくてもプロの並レベル程度のものは誰にでも作ることができるという。３年がかりでものにする意識を強く持てば、プロになることはむずかしくない。

▼豊かな人生にするために使う

真実をつかめないと、誰しも成功などおぼつかない。この真実をつかむ目と力を養成するために、勉強に取り組むことが重要なのだ。また、競争者に負けないために絶えず勉強し、努力し、進歩していくことも意識しなければならない。仕事や人生において、勉強することは山ほどある。興味を持てば興味を持つだけ勉強する対象は増えてくるから、勉強には終わりはない。そして、効率的な勉強にはどのように取り組めばいいのかと考えたとき、「3年でプロになれる」という発想はとても重要である。人生において、戦略的な発想を持って、多方面に3年ずつのくくりを考え、10年計画程度の視点で取り組めば、どんな大きな流れにもついていくことができるだろう。3年でものにするという視点は、勉強にスピード感をつける。

▼社会や仕事で使う

先見性を持ち、計画的に対処することによって、業績を急進させる可能性は高まっていく。中・長期経営計画の必要な由縁はここにある。中・長期経営計画はわかりやすく言うと、企業の経営方針に基づき市場や商品に対する戦略を明確化させ競争に打ち勝つシナリオと表現できるだろう。変化が緩かった時代には、5年スパンで中期計画を策定することが多かったが、昨今では、中期計画も3年で立案することが多い。新規事業や新しい開拓テーマも、3年程度集中すると大きな障害がなければだいだい目処がつく。戦略は、変更ばかり繰り返していると組織を統制することはむずかしいが、しっかりとした方針を打ち出せば3年という単位はチームメンバーと腰をすえて業務に打ち込むにも最適な単位と言えるだろう。

百軒行脚

知識がなくて、もまずは百軒程度の事例を直接的に見て自分自身が「何か感じる」ことが重要だ。

よりマクロにルールを作れる人が、人生において勝者になる確率が高い。そのためには、より多くの物事を見て、より多くの経験をすることが効果的である。最初にルールづくりに取り組むときには、まず事例を具体的に押さえることが重要だ。

何の知識がなくても、まずは百軒程度の事例を直接に見て、自分自身が「何か感じる」ことが重要になる。

だから、時間や費用が許すなら、まずはモデルケースを中心に百軒の事例行脚を実行する勇気を持つことが重要である。

一定期間に百軒の現場データを押さえて整理することができれば、それだけで商売になる。なぜなら、人は普通、諺で言う紺屋の白袴的な状態で生きており、なかなか大切なことには手が回っていない。

だからこそ、百軒の事実を見聞きしていることは評価されるのだ。そして、事実を押さえれば自信を持って話をすることができ、必ず新しい世界が広がるはずだ。

▼豊かな人生にするために使う

食わず嫌いという言葉があるように、食べなければそのおいしさがわからないということが、現実に数多くある。ところが普通の人には、慣れたことを続けることが楽だし心地よい。そのため、限られた情報や経験の中で、固定的な考え方やものの見方に陥ってしまっている、というのが現実なのだ。この状態を打破するには、より多くの現実や現場を知る努力をするということが重要だ。新しい情報や経験は、意識しないと入ってこないものだからだ。もともと1人の人間が知っていること、経験したことはたかが知れている。百聞は一見にしかずという言葉があるように、より多くの物を見て「感じる」ことが重要なのだ。しかしまた、百聞百見は一験にしかずとも言われるように、さらに自分自身で体験してみて感じることの意味がさらに大きいのもたしかなのである。

▼社会や仕事で使う

限られた経営資源の中で最大の効果を狙う企業活動において、常に質と量は論議される。それは、販売商品の数量や売上高に代表される「量」と製造・販売商品のクオリティや商いの中身に代表される「質」との関係である。もちろん、両方とも重要なことはわかっているが、そのバランスの是非が常に問われるのである。ところが、若手や駆け出しの人間が最初から「質」を求めると、効率が低下することが多いというのも現実だ。つまり、「質」は「量」をこなすことで向上するということを理解しておくことが重要ということだ。たとえば飲食店でも、お客様から注文をたくさん受けて作り続けている料理ほど味のばらつきもなくなってくるし、徐々に料理の品質も向上していくのである。

柱を立てる

ひとつの専門分野を選択し、その分野で「柱を立てる」という志を持つことが重要となる。

一番主義の項でも説明した通り、競争や選別に打ち勝つには、何かで一番を持たなければならない。言葉を換えると、周囲の変化に適応して生き残っていくためには、いくつもの専門的なことに取り組むか、専門家をコーディネートする能力、あるいは包み込む能力を見につけたほうが生きやすい。

そこで発想として、まずはひとつの専門分野を選択し、その分野で「柱を立てる」という志を持つことが重要となる。ひとつの分野で柱が立たないと、効率よく成長することはむずかしい。目の前の仕事ひとつとっても、専門分野の意識で徹底的に「柱を立てる」ことが重要である。

そういう発想と行動で仕事に取り組み、一番化ができると、成功につながっていくものなのだ。なぜなら一番のもの、一番の商品は客を惹きつけやすいし、また客に近づきやすいからである。しかも、客を固定化しやすいのである。そしてまた、成功も引き寄せられてくるのである。

▼豊かな人生にするために使う

成熟化社会では、人はどこにでもある物、どこにでもいそうな人はそれなりの物、それなりの人と見る。それどころか高い目線を持つ人からは普通レベルであっても「程度が悪い」と判断されることにもなりかねない。一番になる力をつけると意識し、まず、一番になれる分野を見つけることが重要だ。そういうマーケティング的な視点を持つことができれば、効率的に一番化をはかることができる。ダントツ一番の人がいない場合でも、多くのテーマ、分野で先行する人やライバルはたくさん存在するのが普通だ。だからこそ、これから自分がそのテーマや分野、機能において一番になれる可能性があるのかないのか、またそれは高い確率なのか低い確率なのかを、まずは判断することが重要だ。一番になれる分野を早く見つけるのが、成功の第一条件だ。

▼社会や仕事で使う

マーケティングというのは、「売れる商品の作り方であり、売り方であり、同業者との競争の勝ち方」であると言っていい。この作り方、売り方、勝ち方はそれぞれが別のものでなく一体化したものだ。そしてマーケティングとは、自分の力相応に一番になれる、①商品と②商圏と③客を探すことである。言い換えると、特定の商品のシェア、商圏内のシェア、顧客内のシェアを一番レベルにまで高めるということだ。

このシェアを高めていくためには、橋頭堡(きょうとうほ)シェアをまず確保することからスタートする。橋頭堡とは橋を守る砦の意味だが、軍事戦略的には敵地などの不利な地理的条件で作戦を有利に運ぶための前進拠点を指す言葉である。橋頭堡シェア3％(正確には2・8％)を確保して柱を立てないと何もはじめられない。

私公混同

仕事を趣味にするのが一番。仕事を通じれば自己実現が最も早くできる。

多くの経営者は、「公私混同」ならぬ「私公混同」という生き方をしている。「公私混同」は、私的な思惑や利益をはかるために公的な権限を濫用し、けじめがない状態を言うが、「私公混同」は、公共や会社の目的を達成するために、経営者の私的なものまでつぎ込んでいる状態を言う。もともと中小企業では、金融機関等から会社が借入をする場合、経営者やその家族などが個人として企業の債務返済に保証をつけていることが多い。中小企業の8割は個人保証をつけていると言われ、会社が潰れると自宅などの個人財産を売却して借入金を返済することが求められる。

そのため経営者は、一心不乱に事業に取り組むのだ。ところが、金銭的な部分だけでなく、経営者は実際に事業に全身全霊を注いで取り組んでいる場合が多く、何をおいても企業経営と会社で働く社員のことを考えているのが一般的である。だからこそ、経営者の言葉と行動には重みが出るのである。

▼豊かな人生にするために使う

人生の目的である自我の充足とか自己実現は、余暇をいくら上手に利用しても（その利用が本能のような基本的欲望におぼれるものでない限り）、不可能である。普通は、趣味や余暇を楽しむものがあったとしても、現役で仕事に取り組んでいた時ほどの充実感を味わうことは少ないはずだ。

そして仕事が趣味、道楽だと言えるレベルにしてしまうことが人の頭をよくし、最も効率的に人が伸びることにつながるのである。今、社会も仕事もますます多様化して新しい業種や職種も生まれている。こういう時代には、仕事を通じた自己実現の方法も実にいろいろな方法が出てくる。余暇で自己実現し、やりがいを感じるための方法を考えると、プロ（仕事として取り組む人）になる以外は不可能という結論に達する。つまり、仕事と趣味が一致するのが一番なのだ。

▼社会や仕事で使う

世界中のエリートたちは昼夜かまわず働き、仕事と趣味が一致している。つまり、エリートほど「けじめ」がなく、「同時処理型人間」なのである。逆を言えば、リーダーや経営者になるためには仕事と趣味を一致させ「けじめなく」「同時処理」「ゴチャマゼ」に物事をこなすことが必要なのだ。激しく変化し、情報化が進む現代社会においては、新しさを常に吸収しながら適応していくためには、人間はより忙しく生きていかなければならない。

そのときの生き方は、いくら上手にしてもエリート型の同時処理型、ゴチャマゼ型にするしかないのだ。そして、人間自身が環境を作り、環境がそれに応じた思考と行動を生み、行動がまた人間を作るのだから、働く職場自体も趣味と仕事が一致した私公混同環境であることが理想的なのだ。

客の期待を超える

企業が目標とするべきレベルは、お客の期待レベルよりもかなり高めに持っていくことが重要。

ビジネスで最も重要なテーマは、「顧客満足の実現」と表現されるようになって久しい。これは、需要過剰で競合が少なかったときなら、店を作って商品を並べて置いておくだけでお客様は来てくれた。しかし、商品の供給過剰、店舗過剰になった場合には、お客様に好かれる店づくりを考える意識を持つことが重要になるからだ。

しかし、最も大切なことは競合店以上によりお客様に好かれる店づくりを目指し、これを競合対策とすることである。お客様に好かれるためには、お客様の商品や店に対する期待を知ることがスタートとなる。

ところが、理解できたお客様の期待、ニーズに応えるだけでは、お客様はそう喜ばないのが現実だ。目標とするべきレベルは、お客様の期待レベルよりもかなり高めに持っていくことが重要なのだ。常に、お客様が想定、期待するレベルを超えた満足を提供しようとする努力が企業を成長させ、従業員のやりがいづくりを促進させるのである。

▼豊かな人生にするために使う

人間は誰しも、まず自分が大事で次いで自分の所属する集団が大事である。このような考え方は常識的だと思うが、もう少し目先だけでなく、大きく世の中とその原則を捉えるべきだろう。

客志向を徹底し、本当にお客様を大事に思ってスピーディーに行動すれば、最も簡単かつスピーディーに自分にもよいことが跳ね返ってくる。この事実は、お客様だけでなく、自分の周囲にいるすべての人にも通じる。だから、どんなことがあっても人を信じる力を失わないほうがスピーディーに成長し、成功することができる。やってほしいこと、喜ぶこと、便利になること、困りごとを解決してあげることなどを、より相手の立場に立って考えて、何でもやってあげられる力をつけることが重要なのだ。そういうことができるのが、最も幸せになる早道なのだ。

▼社会や仕事で使う

ビジネスや商いにおいては、客志向をすることが最も大切なことである。自分のことよりもお客様が大事で、そのために自分があるのだと気づくことが重要なのである。適正な競争とは、真にお客様のためになるために売り手が競争することであり、需要者に競争させ、争わせるのは本当のところは考えものである。低価格の個数限定販売などでお客様を店頭に並ばせることなども、できるだけさせないほうが正しいのである。できるだけ常に低価格で売れる仕組みづくりに取り組むことのほうがより重要なのだ。つまり、入学試験の競争なども本来は間違っており、学校側がお客様である生徒志向をとり競争し選ばれることのほうが正しいと言える。お客様志向をすることによって業績が上がり、結局、自分のためになるというのが商売の鉄則だからだ。

キーワードの出所・出典元

＊年号は著書などでの紹介年。年号に続けて紹介者を明記した。キーワードには、一般的なマーケティング理論も含んでいる。

＊今回の出版に当たっての原典の確認作業を岡　聡が行なったが一部明確に出所を確認できなかったキーワードが存在する。ただしそれらも船井総合研究所社内ではベーシックなルール、経営法として認識されている。

長所伸展	1972年	船井幸雄	変身商法
ツキの原理	1972年	船井幸雄	変身商法
一番主義	1969年	船井幸雄	繊維業界革命
一点突破	1972年	船井幸雄	小売業革命
力相応	1972年	船井幸雄	小売業革命
全ては必要、必然、ベスト			船井幸雄の代表的な宇宙観
現状肯定、過去オール善	1982年	船井幸雄	人生五輪の書
人間性の向上	1982年	船井幸雄	人生五輪の書
正攻法主義	1972年	船井幸雄	変身商法
包みこみ	1972年	船井幸雄	変身商法
即時主義	1988年	船井幸雄	実践経営道場
圧縮法	1988年	船井幸雄	実践経営道場
圧縮付加法	1988年	船井幸雄	実践経営道場
商品の三つの分け方	1972年	船井幸雄	小売業革命
マーケットサイズ	1992年	小山政彦	船井流マーケティングの真髄
売上高の公式	1992年	小山政彦	船井流マーケティングの真髄
位相差戦略	1982年	船井幸雄	人生五輪の書
モデルをつくる	1975年	船井幸雄	実践小売ゼミナール
時流適応	1969年	船井幸雄	繊維業界革命
弱者の正攻法	1972年	船井幸雄	変身商法
創品と創客	2002年	小山政彦	社長の仕事48の鉄則
差別化の数値	1992年	小山政彦	船井流マーケティングの真髄
師と友づくり	1981年	船井幸雄	成功のセオリー
信者づくり	1982年	船井幸雄	人生五輪の書
3回安定の法・10回固定の法	1974年	船井幸雄	船井幸雄の小売法則
利益原則	1988年	船井幸雄	ベイシック経営のすすめ
船井流組織体確立法	1981年	船井幸雄	成功のセオリー
独自固有の長所	1995年	小山政彦	船井幸雄に学ぶ成功の黄金律
ライフサイクル	1972年	船井幸雄	変身商法
マズローの法則	1969年	船井幸雄	繊維業界革命

競争が無いのが一番			船井幸雄の共生の思想ともつながる概念
AIDMAの法則	1970年	船井幸雄	繊維流通戦略
シェアの原則	1973年	船井幸雄	勝者の条件
購買頻度	1992年	小山政彦	マーケティングの真髄
主導権主義	1972年	船井幸雄	変身商法
異常値法	1985年	船井幸雄	船井流101の経営法則
積極的な客志向	1975年	船井幸雄	実践小売ゼミナール
個別対応	1984年	船井幸雄	修羅場の視点
人間的密着	1984年	船井幸雄	修羅場の視点
同時処理人間	1972年	船井幸雄	変身商法
天地自然の理	1985年	船井幸雄	経営五輪の書
原理原則に従う	1984年	船井幸雄	修羅場の視点
良心に従う	1985年	船井幸雄	経営五輪の書
最終到達系から考える	1983年	船井幸雄	船井幸雄の新経営革命
意識は一瞬で変えられる	2008年	小山政彦	一生ものの仕事の習慣
仕事の基本は守・破・離	1985年	船井幸雄	経営五輪の書
チャンスは先着順	2008年	小山政彦	一生ものの仕事の習慣
本物	1978年	船井幸雄	勝てる経営　勝てない経営
ショッククリニック	1982年	船井幸雄	人生五輪の書
びっくり現象	1997年	船井幸雄	これから10年　驚きの発見
思いは実現する	1981年	船井幸雄	成功のセオリー
プラス発想	1981年	船井幸雄	成功のセオリー
すなお	1978年	船井幸雄	勝てる経営　勝てない経営
素頭を良くする	2004年	小山政彦	「素頭」で1億円稼ぐ仕事塾
泥縄主義で目の前の事に取り組む	1982年	船井幸雄	人生五輪の書
ギブアンドギブ	1989年	船井幸雄	即時業績向上法
レター法	1981年	船井幸雄	成功のセオリー
約束を守る			船井幸雄の基本的生き方
人相をよくする	1979年	船井幸雄	包み込みの発想
前始末と後始末	1982年	船井幸雄	人生五輪の書
勉強好き	1981年	船井幸雄	成功のセオリー
働きグセ	1988年	船井幸雄	実践経営道場
儲けグセ	1977年	船井幸雄	入門船井商法
節約グセ	1988年	船井幸雄	実践経営道場
いつも現場主義	1977年	船井幸雄	入門船井商法
物事にはコツがある	1988年	船井幸雄	実践経営道場
五分前の精神	1978年	船井幸雄	勝てる経営　勝てない経営

謎のX君	1990年	河口裕治	実践コンサルティング教室
ついているものと付き合う	1988年	船井幸雄	ベイシック経営のすすめ
水五訓	1977年	船井幸雄	入門船井商法
人財になる・人財をつくる	1989年	船井幸雄	即時業績向上法
生成発展	1981年	船井幸雄	成功のセオリー
1対1.6対1.6の2乗	1974年	船井幸雄	船井幸雄の小売法則
262の法則			ベイシックな船井総研社内概念
親身法	1996年	船井幸雄	本物の経営ノウハウ〈Part2〉
アイメッセージ			1997年ごろより小山政彦が紹介
受容する	1993年	宮内亨	船井流　本物人の条件1受容する
自立する	1993年	宮内亨	船井流　本物人の条件2自立する
単純・明快・繰り返し	1994年	泉田豊彦	単純・明快・繰り返し
上司は部下を成功させる人	1994年ごろ	大浦章一	
世のため人のため	1981年	船井幸雄	成功のセオリー
戦意と戦力	2004年		小山政彦のコンサルティングテキスト
天職発想	1982年	船井幸雄	人生五輪の書
楽しくなければ仕事じゃない	2000年		創業30周年スローガン
無駄な修行をしない	2004年		小山政彦が船井総研社内で強調
一体化	1989年	船井幸雄	即時業績向上法
吉田松陰の教育	1981年	船井幸雄	成功のセオリー
百匹目の猿	2000年	船井幸雄	百匹目の猿
上司はサポーター・経営者はスーパーサポーター	2003年	小山政彦	「とことん聞く」経営
いつもFOR YOU	2005年		船井総合研究所の社内クレド
経営者は命がけ	1984年	船井幸雄	修羅場の視点
トップで99%決まる	1986年	船井幸雄	上に立つものの「人間学」
納得し、論理的体系的に話す			船井幸雄の基本的な仕事のスタンス
自信の無いことは薦めない	1977年	船井幸雄	入門船井商法
勘で正しいことがわかる	1970年	船井幸雄	繊維流通戦略
3年でプロになる	1972年	船井幸雄	変身商法
百軒行脚			ベイシックな船井総研社内概念
柱を立てる			ベイシックな船井総研社内概念
私公混同	1999年	小山政彦	
客の期待を超える	1996年	小山政彦	

著者略歴

岡　聡（おか　さとし）

株式会社　船井総合研究所　第一経営支援副部長　上席コンサルタント
アパレル上場企業の販売企画課長・商品課長・営業課長を経て、小山政彦社長の『マーケティングの真髄』に感激し、1994年に船井総合研究所に入社。以来、流通業をメインに、船井総研を代表する理論派コンサルタントとして活躍中。専門分野は、経営戦略立案や事業戦略再構築、販売戦略立案と新業態開発など。専門業種は、食品スーパーと食品メーカー。一部上場企業の非常勤役員を、船井総研に在籍しながら経験した異色の経歴も持つ。経済産業大臣登録中小企業診断士。一級販売士。
著書として『船井流・数理マーケティングの極意』、『売れるコンサルタントの「仕事の技術」』、共著に『「店長」大全』（以上、同文舘出版）がある。
連絡やご相談、講演などのご依頼は下記からお気軽に。

公式プロフィール　岡　聡　検索
公式ブログ http://oka.secret.jp
twitter　http://twitter.com/funaioka

人を活かし会社を伸ばす100のキーワード

平成22年3月10日　初版発行

著　者——岡　聡

発行者——中島治久

発行所——同文舘出版株式会社
東京都千代田区神田神保町1-41　〒101-0051
営業03（3294）1801　編集03（3294）1803
振替00100-8-42935　http://www.dobunkan.co.jp

ISBN978-4-495-58821-2

印刷／製本：萩原印刷
Printed in Japan 2010